Wilhelm Korte

Altes und Neues über Wülzburg

Wilhelm Korte

Altes und Neues über Wülzburg

ISBN/EAN: 9783743483132

Hergestellt in Europa, USA, Kanada, Australien, Japan

Cover: Foto ©ninafisch / pixelio.de

Wilhelm Korte

Altes und Neues über Wülzburg

Altes und Neues

über

Wülzburg

von

Wilhelm Korte.

Mit einem lithographirten Plane und Abbildungen.

Ansbach.
Druck und Verlag von C. Brügel und Sohn.
1869.

Dem letzten

Commandanten der Festung Würzburg,

dem

Königlichen Oberst

Herrn Philipp Busch,

in reinster Verehrung

gewidmet.

Vorwort.

Möge vorliegende Arbeit einen Baustein abgeben zu einer vollständigen Geschichte der Wülzburg, welche nur dem zu schreiben möglich, dem die einschlägigen Staatsarchive zu München, Nürnberg, Bamberg zugänglich.

Mir, dem nur in großen Zwischenräumen mühsam und stückweise das zukam, was schon über die Wülzburg hie und da geschrieben wurde, mußte es genügen, auch nur ein Stück- und Flickwerk zu liefern.

Was sich weniges auf der Festung selbst zu deren Geschichte vorfindet, wurde durch die Güte des Herrn Festungs-Commandanten Oberst Busch zu benützen gestattet. Herr Pfarrer Stählin und Herr Regimentsarzt Dr. Hildenbrandt dahier, Herr Pfarrer Caselmann und Herr Dr. Hänle zu Ansbach verschafften mir freundlichst die weitern Quellen, meist aus den Registraturen und Bibliotheken zu Weissenburg und Ansbach. Auch das germanische Museum zu Nürnberg theilte mir durch Vermittlung des Herrn Dr. Hermann Beck mit, was es hierher Bezügliches in seinen Sammlungen besitzt.

Herr Freiherr von Soden zu Nürnberg, dessen Geschichtswerk „Gustav Adolph und sein Heer in Deutschland" ich über die Blockade der Festung in den Jahren 1632 und 1634 wörtlich ausgezogen habe, möge mir dieses nachsehen; die wahre Mosaik seiner Arbeit verleitete dazu und gestattete eine freiere Benützung kaum.

Das einzige Erhebliche meiner Zusammentragung ist vielleicht, daß ich in dem Mönch Chuno (1278) die älteste und einzige Quelle über Gründung des Klosters aufzufinden das Glück hatte.

Möge daher jedes Urtheil über mein Unterfangen „Altes und Neues von der Wülzburg" herauszugeben, davon ausgehen, daß ich, wie schon gesagt, nicht Geschichte schreiben konnte, sondern nur Material zu einer Geschichtsschreibung sammeln und liefern wollte — und daß der Vorwurf selbst gerade ein dankbarer nicht genannt werden kann.

Wülzburg im Juli 1868.

Kloſter.

Im Kloster Wülzburg im Nordgau lebte in der zweiten Hälfte des 13ten Jahrhunderts ein Mönch mit Namen Chuno, der schrieb also:

Stiftung vnd Begabung deß Closters Wülzburg, aus vilen wahrhafften vnd bewerten Mennern Anleitung auch anderen Büchern, den Croniken, durch mich Chunonen, Priester vnd Geistlichen desselben Closters in ein zusammenbracht:

Dieweil Menschliche Gedächtnuß so schwache vnd die herrliche gestalten Erbaren Menner, bei den Nachkumblingen so leicht In Vergessung kommen, wo sie nit mit stettigen öffentlichen schriften woll verwaret werden, daher es ist, daß der Ursprung vnd Stiftung des Closters Wülzburg von wegen oft geschehener Brunst desselben, der Abgang seiner Rechten vnd Freiheitten In schriften verfaßt, vilen vnbewußt, derhalben hab ich Chuno Priester vnd mit Bruder deß Orts, nach des Closters oft geschehener Brunst vnd Verwüstungen Seine erste wahre Stiftung vnd der Freiheitten auch Begabung (wie wol wenig zierlich) denn Menschen zu wissen widerbringen wollen, darzu aber kein ander Hilff, denn von der wegen mancherlei schrifften, der Croniken vnd anderer fragte vnd les, vnd erfunden durch gaistliche Vater vnd Bruder, meine Vorfahrn auch durch vieler glaubwirdiger Menner schriften, In vilen historien vnd Croniken stuckweis gesezt, zusam wider bracht, vnd ordentlich so vil vnglich vollnert:

Das Pippinus der Christenlicheit vnd großmaechtigenst Inn Germanien vnd Frankreich König :c. des Orts Stiftung Erstlich gethan, Mann im Jar vnseres Heils Sieben hundert vier vnd Sechtzig, da derselb durchlauchtigest Fürst vnd König Im Norkauw Jagete vnd einer grossen Meng Wilds nach Eylet gehn Wülzburg kommen, welcher Berg allenthalben vngebaut vn wonhafft, vnd zu menschlichem Gebrauch ganz vngeschickt, aber müde vnd Schlaffgirig, belustiget des Orts, vnter grünen Baumen entschloffen, auf Göttlicher Eingebung bewegt, bevehlen, allda ein Capell In der Ehre des heiligen St. Niclas zu werden, welche noch heutiges Tages des Orts gesehen wird.

Nachmals mit der Zeit Carolus mit der That vnd Namen der groß vnüberwindlichest König Inn Frankreich vnd Römischer Kaiser, des vorge-

1*

welden Königs Pippini Son, welches Tugenten vnd grossmechtige Tatten sovil, die nit leicht ein Buch begreiffen moegen, der vmb ettlicher Vrsach willen von Regenspurg gehen Weissenburg am Norkaw In das Kaiserlich Schloß kommen, vnd den Krieg mit den Vngarn angenommen, Ist Ime von ettlichen geratten, man möge woll von der Donauen In Rein schiffen, so zwischen der Rednitz vnd Altmühl ein Grab der Schiffe begreiffen möge gesurt, vnd, also daß sich der Rein mit der Donawe, der ander mit dem Rein sich vermengte.

Als baldt der König mit allen seinen verwanten an das Ort, dem Werk gelegen, (jez Graben genannt) kamen, vnd eine grosse Meng Volkes denn gantzen Herbst mit dem Werkh zubracht aber vergebens, Wann von wegen stetter Fluß vnd des Erderichs Welche von Natur sumpfig, das gethan Werckh nit bessern moegen, dann Je mehr Erdrichs die Graber am Tag auswurfen, Sovil des Nachts wider einfiel, die Statt erfüllend. In deß der Got erendt, König Karell auff göttlichen Anregen bewegt, die Stiftung seines Vaters auff dem Berg gethan, Heimbsuchte, auff göttlicher Lieb entbrant, hat angefangen, bei der Kapelle Sanct Nicolauß ein herrlich Kloster zu bauen, in der Ere vnseres Herrn Seligmachers Jesu Christi des Lebentmachenden Kreutzes, der heiligen Gepärrerin Gottes vnd allerheiligen Sonderlich in der Ere der heiligen Aposteln Petri vnd Pauli, darein bestellet geistliche Vaetter vnd Brüder des Ordens des heiligen Sankt Benedikti vnterm Schutz der heiligen Roemischen Kirchen, Auch des heiligen Roemischen Reichs Im Weingarten des Herrn treulichen zu wandeln, auch mit Freisatten, heiligen Gaben, mit zeitlicher Notturfft als einen Lehemann des heil. Reichs, vnd mit Aigenschaften eines gaistlichen Fürsten das Kloster vnd seinen prelaten aus angeborner Gütigkeit auch Kaiserlichen gewalt, geziert vnd begabt hat, besonders vnter anderen, mit den Rechten Daumen Sanct Peters des Apostels, welchem er sambt den Leib des heiligen Kornely Bapsts vnd Märterers für ain Gaben vom Bapst Adriano mit hoher Bitt erlangt vnd den Berckh Wülzburg mit allen seinen zugehoerungen, wie sie in seinen Brieffen veber der Stiftungen vnd Begabungen vor der Brunst bisher beschrieben gewesen, diß geben wir uff das wir die Barmhertzigkeit Gottes erfinden, den Berckh Wülzburg, Hoenstatt, Niederhoffen mit allen seinen zugehoerungen In Walden, Fischungen vnd Jagungen r.

Welches Kloster auch den Namen vom Berg empfangen hat vnd ist genannt Wilzburg, vnd dies vmb das Jar des Herrn Siebenhnndert Zwei vnd nenntzig geschehen geacht worden zur Zeit des Bapsts Adriani welcher das Kloster bestettigt hat vnd desidery des Königs der Longobarden.

Diese Aufschreibung, welche sich bei der kgl. Commandantschaft Wülzburg in beglaubigter Abschrift vorfindet, ist aus einem Saal- und Lagerbuch vom Stifte Wülzburg entnommen, das Herr Fürst von Wrede zu Ellingen besitzt.

Das kgl. Dekanat in Weissenburg bewahrt in seiner Registratur einen Akt über die Fundation des Klosters Wülzburg. In diesem Akt ist nach dem Blatt „Obrigkeit" eine Aufzeichnung, welche dahin lautet:

De prima fundatione Monastery
Wilzburgensis

Anno Domini Septingentesimo sexagesimo quarto, Pipinus Rex francorum fecit initium primae fundationis in Wilzburg; Et ibi voluit venari, et ascendit montem Wülzburg dictum. Et ipse mons erat circum quoque incultus et inhabitabilis, et ad humanum usum minime dispositus. Et ibi dulcem somnum habuit; Evigilans nutu divino in eodem loco capella in honore Sancte Nicolai construere fecit; tempore Adrianiy Papae et Desidery Regis Longobardorume.

Et anno domini Septingentesimo nonagesimo secundo, Carolus Magnus Pipini Regis filius, Romanorum Imperator et Rex francorum ex Ratispona venit Weissenburgum; Et hunc locum visitans, a quibusdam ei persuasum fuit, patris sui fundationem videri; Divino amore luctus aedificari coepit juxta Capellam sancti Nicolai Monasterium solenne, in honorem sanctorum apostolorum Petri et Pauli ordinis Sancti Benedictie —

und unter dieser Aufzeichnung ist bemerkt:

Extrahirt aus dem uralten und authentischen Saalbuch des Stiftamts Wülzburg d. Ao. 1545 pag. 4.

Pag. 4 des Saalbuchs zu Ellingen enthält aber nach der vorliegenden beglaubten Abschrift gerade wörtlich die Stelle:

De prima fundatione monastery
Wilzburgensis

Anno Domini etc. etc.

so daß dessen Identität mit jenem im Dekanatsakt angezogenen nicht zu bezweifeln ist.

Pag. 3 des Saalbuchs handelt nach seiner Aufschrift:

Wülzburg

von einer kurzen Beschreibung dessen Lage und schließt dann:

Dieses Kloster findet sich inn alter Erkundigung das es Erstlichen von dem durchlauchtigsten großmächtigsten Fürsten und Herrn Pipino König inn Germanien und Frankreich und dann durch seine königliche Majestät Sone Herrn Karl den ersten Römischen Kaiser und auch König Inn Frankreich mit sondern Begnadigungen gestifft worden ist, Alles Nach laut einen Auszug so Inn einem alten Buch zu Wülzburg Inn der Liberey gefunden worden ist, also lautend.

dem folgt nun Fol. 4.

De prima fundatione etc. etc.

und Fol. 5.

Stiftung und Begabung &c. &c.

deren oben erwähnt.

Dieses alte Buch der Liberey scheint die Aufzeichnung des Mönch Chuno enthalten zu haben und ist so aus jenem in das Saalbuch übergegangen.

Betrachtet man sämmtliche Schriftsteller, welche sich mit der Geschichte Wülzburgs befaßt haben, von dem Weissenburger Rektor Döberlein 1708 bis zum Weissenburger Chronisten Volk 1835 etwas genauer, so zeigt sich sofort, daß der Mönch Chuno die erste und älteste Quelle ist, aus der sie alle bewußt oder unbewußt ihre Erzählungen über den Ursprung des Klosters geschöpft haben und einer dem andern sie nachschrieb.

In den Akten des Dekanats findet sich noch weiter eine Handschrift mit der Ueberschrift:

„Fundation des Klosters Wülzburg, auch ein catalogus aller Äpt so allba Anfangs gewesen und wie lange sie regieret."

Sie beginnt mit einer dem Chuno getreu nachgebildeten Erzählung der Gründung und Begabung des Klosters, erwähnt dessen mehrmaligen Zerstörung durch Feuer, der Inschriften in den Fenstern der Kirche über die Dotation und geht dann auf die einzelnen Aebte und deren Regierung über.

Da sich, wie später gezeigt werden wird, das Alter des Katalogs feststellen läßt und sich dadurch über die Gründung des Klosters eine Erzählung aus dem Ende des 13ten Jahrhunderts, sowie eine aus der Mitte des 16. Jahrhunderts, die sich auf jene stützt, vorfindet, so soll die Erzählung des Katalogs in einer besondern Beilage angebogen werden. Es ist dadurch die erste und zweite Quelle doch wenigstens vollständig gegeben.

Dieser Katalog der Aebte ist wieder fast wörtlich in die Schriften des Hoßmann und Volk übergegangen, und bildet somit auch in dieser Beziehung die Quelle der spätern Geschichtsschreiber.

In diesem Katalog ist nun von dem 14ten der Aebte zu lesen:

„Chuno wurde anstatt etlich Jahr eines Abtes gesetzt zu der Zeit und Regierung Kaiser Rudolph von Habsburg umb das Jahr 1278, ein Mann in Weltlichen Dingen sehr gebräuchlich."

Dies fällt mit dem Schlußsatz zusammen, der sich an Mönch Chunos Beschreibung der Entstehung des Klosters Fol. 5 des Ellinger Salbuchs vorfindet und wo es heißt:

„Welche Freiheit mit Jagen und Fischen die Wülzburger auch die Edeln von Weissenburg gemeinlich biß zum Jahr 1278 ungehindert einerlei Freiheit Unter Jnen freundlich gehalten haben, Wiewol im fischen selten, Nemlich Jn Marien zwischen Suffersheim vnd Schambach des Orts zu fischen geselllschaft geleistet einander geladen haben 2c. 2c."

und weist darauf hin, daß Chuno, der Mönch, und Chuno, der Abt, wohl ein und dieselbe Person von 1278 waren.

In Dr. Nehrs Geschichte der Wülzburg findet sich weiter folgende Stelle: „Daß Wülzburg von mehreren Kaisern des Reichsschutzes versichert wurde, bezeugen noch mehre kaiserliche Schutzbriefe, welche Schütz und Fallenstein aufbewahrt haben.

Aus keinem derselben ist aber zu ersehen, welcher Kaiser dem Reichsvogt in Weissenburg den Spezialschutz über das Kloster übertragen habe; aus mehren aber erhellet, daß er schon im 13ten Jahrhundert von dem Reichsvogt ausgeübt wurde. Denn Kaiser Rudolph I. sagt in einer vorhandenen Urkunde vom Jahre 1278, der Abt und Convent zu Wülzburg habe bei ihm zu Augsburg durch den Mönch Chuno klagen vorbringen lassen, über die überspannten Forderungen des Reichsvogts Conrad von Weissenburg als bestellten Advokaten ihres Klosters; er habe diese Forderungen untersucht, ungegründet gefunden, und ertheilt nun den Bescheid, daß das Kloster seinem Advokaten jährlich nicht mehr als 10 Mut (modius) Haber herkömmlich zu geben verbunden sei."

(Kaiser Ludwig bestättigt diesen Bescheid 1331 und Kaiser Karl IV. 1353.)

Auch diese Urkunde spricht deutlich für die Identität beider Chuno, des Mönches und des Abtes.

Chuno wird nach seiner Sendung zum Kaiser, noch im Jahr 1278 zum Abt gewählt worden sein, und paßt auf ihn die Charakteristik des Katalogs:

„ein Mann in Weltlichen Dingen sehr gebräuchlich."

Da nach der Urkunde Conrad II. für die Ministerialen zu Weissenburg vom 20. Mai 1029, welche Giesebrecht in seiner Geschichte der deutschen Kaiserzeit verbessert bringt, die Kaiser schon so früh dort ihren Beamten hatten, so liegt nahe, daß sie auch sofort durch diesen den Reichsschutz über das vom Reich beschützte Kloster üben ließen, zumal andere Beamte nicht näher waren, Wülzburg selbst aber in Weissenburg begütert war; endlich aber es selbstverständlich ist, daß der Reichsvogt nicht allein für Weissenburg, sondern für alles umliegende kaiserliche Gebiet und für Alle, welche sich da des kaiserlichen Schutzes besonders zu erfreuen hatten, aufgestellt war, ohne daß es noch besonderer Urkunden bedurft hätte.

Als erste Diener des Herzogs Ernst werden in jener Urkunde schon aufgeführt: Rengoz do Salbach, Wizo do Wimoresheim und Adelger do Curte.

Die Bavaria Bd. III. 2. Abtheilung S. 1296 sagt bezüglich der Gründung Würzburg:

„Von der Stadt Weissenburg gerade gegen Morgen erhebt sich ein steiler Vorsprung des Weissenburger Waldes, auf dessen Hochplatte die Veste Wilzburg (Wilisburg) über den Fundamenten eines römischen Castells erbaut, weit hinauslugt in die Ebene des fränkischen Landes. Hier soll der Frankenkönig Pipin 764 eine Kapelle 2c. 2c."

Von römischen Fundamenten ist jetzt entfernt keine Spur mehr zu entdecken. Glaublich erscheint es aber, daß die Römer diesen die ganze weite Gegend beherrschenden Höhepunkt zur Anlage eines Castells benützt haben, zumal ihre Heer- und Grenzstraße, die sogenannte Teufelsmauer nahe in seinem Rücken vorbeiführte, sich auch da die Reste einer römischen Colonie vorfinden, so daß das Castell zum Schutz der Heerstraße und der Colonie ganz geeignschaftet war.

Es dürfte hier am Platze sein, was Eduard Paulus in seinem Schriftchen: Der römische Grenzwall (Limes transrhenanus) vom Hohenstaufen bis an den Main 1863 im Allgemeinen über den Limes transdanubianus S. 51 sagt:

„Die oberdonauische Grenzlinie unterscheidet sich in Struktur und Führung von dem überrheinischen Grenzwall (Limes transrhenanus) in sofern ersterer kein Wall mit Graben, sondern eine römische Straße war, die zugleich als Grenzlinie diente. Sie ist gleich den übrigen römischen Hochstrassen dammartig angelegt, 2—5' hoch, die Fahrbahn 12' breit und die Pflastersteine mit reichlichem Mörtel verbunden; letzterer ist bei Römerstrassen wenigstens in Würtemberg selten, und mag zur Ansicht, daß die Straße eine Mauer gewesen sei, Veranlassung gegeben haben.

Diese sogenannte Mauer wird indessen gegenwärtig noch auf vielen und großen Strecken als Straße benützt und führt auch neben der ihr beigelegten Benennung „Teufelsmauer", häufig noch den Namen „Hochstrasse."

Die Führung der Strasse ist, so lange es das günstige Terrain erlaubt, schnurgerade, treten aber Terrainhindernisse der geraden Linie in den Weg, dann bricht diese plötzlich unter Winkeln von der geraden Linie ab, um auf günstigerem Terrain so lange als möglich fortzusetzen. Durch das Aendern der Richtung unter Winkeln unterscheidet sich die Grenzstraße wesentlich von den übrigen römischen Heerstrassen, deren Richtungsveränderungen nicht in Winkeln sondern in Bögen hergestellt sind.

An der Grenzstraße selbst sind in verschiedenen Abständen rund aufgeworfene, mit Graben umgebene Wachhügel (sogenannte Burstel, Bürstel, die
Burgställe) und Castelle angelegt, von denen aus die Grenzstraße überwacht
und vertheidigt werden konnte.

Der Limes transdanubianus war demnach eine mit Rücksicht auf die
Terrain=Verhältnisse umsichtig angelegte, wohl vertheidigte Grenzstraße, die
sich von dem Limes transrhenanus wesentlich unterscheidet, und zuverlässig
auch einer ganz andern Periode und einem andern Vertheidigungssystem ange-
hört, als der überrheinische Grenzwall, der vermuthlich erst später errichtet
und der früher schon bestandenen Grenzlinie zweckmässig angepaßt wurde."
S. 52.

„Der Anschlußpunkt des Limes transdanubianus an der Limes
transrhenanus oder vielmehr der Winkel, den beide Grenzlinien mit einander
bilden, fällt nicht in das Remsthal bei Lorch sondern auf die dominirende
Höhe bei Pfahlbronn, auf die Wasserscheide zwischen der Rems und der Lein,
von der aus das umliegende Terrain am vortheilhaftesten beherrscht werden
konnte".

Sonst sprechen noch über die Gründung Wülzburgs:

Jung Antiquitat. Monasterii Wilzburg.

Stieber Nachrichten p. 976.

Volz, Chronik der Stadt Weissenburg 1835 p. 31.

Lang, Regesten des Rezatkreises S. I. p. 4.

Vierter Jahresbericht des histor. Vereins im Rezatkreise p. 53.

v. Schütz, v. Falkenstein und Hoßmann.

Der alte Katalog im Dekanatsakt zu Weissenburg schließt mit folgen-
der Note:

„Jnn einer alten Verzeichnus, eines prelaten zu Wülzburg (dessen Namen
gleichwohl dabei nicht gemelt, die Handschrift aber wohl alt ist) ist unter
ander andern begriffen wie daß das Stift dreymal von erster fundation her,
angebawen zu Grundt verderbt und auß gebrannt worden sey, Erstlich von
den Hunnen, so ganz Teutschland durchzogen, geplündert, verheert und verderbt haben, zu des heiligen Ulrici zeiten, zum andermal sei es von eignen
feuer, aus Verwahrloßung verbrannt worden, zur zeit Kaiser Heinrich des
dritten, zum letzten von denen von Weissenburg in der Stattkrieg, jn welchen
Brünsten bevor den Ersten alle des Klosters gehabte herrliche privilegia,
Brieff und Urkunden verdorben, Kaiser Heinrich der fünfft und Konradt
Römischer König aber hatten dem Gotteshauß Wülzburg widerumb mit allerley Befreyhungen und Begnadigungen aufgeholfen, auch Sigill und Brieff

darüber geben, unter welchen auch diese hernachfolgenden Punkte waren be= griffen, und in solcher kaiserlichen und Königlichen Urkunden Vermeldt, aber doch in der letzten durch die von Weissenburg beschehener Verbrennung Wie= derumb umbkommen und verderbt, allein das in etlichen Fenstern in der Kirchen so in solcher letzten Weissenburgischen Verbrennung unversehrt übrig geblieben waren noch folgende Stifftungen in das Glas gemahlt oder ge= schmelzt befunden worden:

Nos Heinricus quintus Imperator Romanorum damus Monasterio Wülzburg ut cultum divinum augmantamus parochiam Woissenburg cum omnibus docimis in silvis piscationibus et venationibus.

Nos Conradus Rex Romanorum damus Monasterio Wülzburg tres parochias Bettelsheim, Haussen, Hohenstatt cum decimis et omnibus appenditijs suis.

Item ex fundatione Caroly Magni fundatoris Wülzburg.

Nos Carolus Dei gratia Romanorum Imperator, ac Rex franciae etc. etc. misericordiam Dei intem, Wülzburg, Hohenstatt, Niederhoffen cum omnibus appenditijs suis.

Diese Stiftungen soweit sie Heinrich und Conrad betreffen, ließ Markgraf Friedrich als Thumbprobst zu Wülzburg in der Kirche, da wo man in den Chor geht, über die Thür wieder frisch anmalen.

Heinrich V. regierte von 1105 bis 1125. Conrad III. von 1137 bis 1152.

Mehr meint Conrad sei Conrad IV., der Sohn Friedrich II. gewesen, welcher schon während der Regierung des Vaters 1237 zum römischen König ge= wählt worden. Es ist aber Conrad III., wie später gezeigt werden wird.

Auch Chuno erwähnt der ersten beiden Feuersbrünste, mit denen das Kloster heimgesucht worden. Die dritte will angezweifelt werden, allein sie hatte wirklich statt und zwar unter Führung eines gewissen Tristram Zenners und anderer Weis= senburger, welche das Kloster angezündet und geplündert haben und dabei den Kirchenornat und briefliche Urkunden hinwegnahmen. Die Thäter geriethen sub d Eystet die mensis September 1451 dafür in den Bann.

Doch davon noch einmal später.

Eine vierte Feuersbrunst hatte zur Zeit des 30jährigen Krieges statt, von der gleichfalls in der Folge einmal mehr.

Von der Gründung des Klosters bis zum Jahre 1146, der Zeit König Konrad III. ist in der Geschichte der Wülzburg eine große Lücke mit den wenigen Unterbrechungen, von denen bereits Erwähnung geschehen. Von da beginnt die Aufzeichnung der einzelnen Aebte des alten Katalogs.

Unter den Aebten von Planfstetten wird 1129 als der erste aufgeführt: Rudolph aus dem Kloster Wülzburg bei Weissenburg. Dieser wurde als Profeß vom Bischof Gebhard selbst verlaugt, starb aber schon 1130; unter ihm erhielt das Kloster Planfstetten zur jährlichen Erlegung von 5 Pf. Zinsgeld auf dem Altar unf. Lieb. Fr. zwei Leibeigene, nemlich eine gewisse Gempa mit einer Tochter gegen ewige Freiheit von aller Dienstbarkeit, und zwar vor den Zeugen: Adalbar von Tigint (Tögen) und seine Brüder Markwart, Wasv, Adelgeß, Heinv von Frifraths= hoven, Hugo und Bertholt von Wintpeffingen.

Die Chronif von Planfstetten selbst läßt die Bewohner des neuen Klosters aus den beiden Klöstern Castell und Wülzburg bei Weissenburg gekommen sein und sagt Fuchs vom Abt Rudolph noch weiter:

„Dieser Abt gerieth wegen des letzten Willens des Stifters Ernestus in einige Irrung und legte Widerspruch dagegen ein. Als nemlich Graf Ernestus dem Tode nahe war, wollte er von seinen Dienstleuten, die er zum Altar der heiligen Maria, die zum Kloster Planfstetten geschenkt hatte, in soweit es ihm noch möglich war, Einige mit besserm Recht versehen; nemlich Heinrich und seinen Bruder Bertholb setzte er in das Rechtsverhältniß ihres Vaters, den Magenhart und seinen Bruder Heinrifus, Sohne Waltmanns, Berthelt, Bertha, Herbegen, Wolffram, Waldmann, Ubelrich, Heinrich, Diercut, Hungosen (etwa von Hungersdorf oder Niederwimpeffingen) Burfhard Sohn von Wimposen, Berthelt der Sohn Eugens, Heinricus Adalbert Sohn alle dlese machte er mit 5 Pfennigen zinsbar, so daß sie alle Jahre am Feste aller Heiligen zur Kammer des Abts und zur Kleidung der Mönche zalen sollten. Der Abt machte ihnen nun diese Begünstigung streitig und verlangte, daß sie jährlich 12 Schillinge zahlen sollten, was aber nicht geschah, der Abt verläßt das neue Kloster und fehrt in sein Mutterconvent zurück."

Sein Nachfolger setzte den Einspruch fort. „Es erscheint jedenfalls sonder= bar, bemerkt Fuchs weiter, eine Schenkung des Stifters über dessen Willens= meinung ausdehnen zu wollen, allein mir scheint, daß Graf Ernest von Hirsch= berg auf seinem Krankenlager von seinen Dienstboten gebeten wurde, ihr Un= terthänigfeitsverhältniß zu milbern, daß aber durch diese Milberung das be= reits wohlerworbene oder vermeintliche Recht des Klosters beeinträchtigt wurde."

Cum jam ad extrema vitae suae perductus esset, in quontam tunc potuit de familia sua, quam ad altare St. Mariae tradidit excepit quosdam. Ex Chron.

Nach dieser Mittheilung der Planfstetter Chronif erscheint als der älteste befannte Abt der Wülzburg:

Rudolph, Abt des Klosters Wilzburk und des Klosters Plankstetten, und Kloster Wülzburg selbst als gute Pflanzschule für andere Klöster.

Das alte Verzeichniß der Aebte, welche dem Kloster vorgestanden sind, beginnt mit

Eberhardus.

Von ihm sagt der Katalog:

„Ein fromer, einfaltiger vnd gerechter Mann, welchen König Conrad, der Herzog aus Schwaben vnd Franken sehr lieb hatte, auch ihn zu seinen Rath gebrauchet vnd den Kloster viel Guts that, vnd es mit einigen Pfarreien begabt, wie hievor gemelt, dieser Abt Eberhardt verwaß das Kloster glücklich vnd wohl Sechsthalb Jahr Anno 1152.

Hiernach dürfte die Stiftung, deren in den Fenstern der Klosterkirche Erwähnung gethan, doch von Conrad III. herrühren.

Es folgt nun nach dem Katalog, dessen Reihenfolge eingehalten und dessen Charakteristik der einzelnen Aebte jedesmal allem Andern vorausgesetzt werden soll:

Conradus von Moersberg, vom Abel auß dem Landt Bayern gebohren, Ward nachmals Abt zu Wülzburg erwehlet ein hochverständiger gelehrter Mann vnd nach Absterbens Bischoffs Burkhardts von Eychstätt erfordert, von gemeinen Capitel daselbsten zu einen Bischoff von Bapst Eugenio III. nach Ao. Christi 1153 confirmiret Diesen Bischoff hat der fromme Kayser Friedrich, Barbarossa genannt, sonderlich sehr lieb gehabt, auch ihn mit dem Dorf Rebdorff an dem Fluß der Altmühl gelegen (bei Eychstett gelegen) begabet vnd Ime geschenkt, in welches Dorf hat hernachmals gemeldter Bischoff Conrad mit Hülf Kayser Friedrichen ein herrlich Kloster Anno Domini 1156 Canonicorum regularium Sancti Augustini gebaut, welches noch heutigen Tags mit einen sehr wohl gelehrten Herrn Priorn oder Battern, Kilian Leib, einen Franken löblich versehen wird.

„Dieser Bischoff Lies Ihm auch noch beim Leben, in gemelts sein Kloster ein Begräbnuß machen, in welches er nach seinem Tod sollt gelegt werden, den Abt von Heydenheim, so vormals vom Bischoff Burkhardt ward vertrieben, setzt er sambt seinen Mönchen wieder ein, vnd also er das Bistumb Achtzehn Jahr ganz löblich, friedlich vnd Rühsamb verwesen hat, verschledt Er den 13. Jannuari Ao. nach Christi Geburth 1171 wurde begraben im Kloster Rebdorff von ihm gestift, in sein zuvor bestellte Begräbnuß.“

So weit der Katalog über diesen Abt.

Sax in seiner Eichstätter Geschichte sagt: Conrad sei wahrscheinlich noch auf dem Conzil zu Mainz 1153 an die Stelle des abgesetzten Bischof Burkardt gewählet und sogleich von dem Erzbischof consecrirt werden.

Kaiser Friedrich bestättigte ihn.

Burkhardt war wegen der Heidenheimer Händel, wo die Canoniker nicht wieder Benediktiner werden wollten, abgesetzt worden. Conrad brachte die Reformation zu Heidenheim zu Stande und erfolgte 1155 unter Pabst Habrian deren Bestätigung.

In der Festschrift zur Bischöflichen Consecration des Franz Leopold Freiherrn von Leonrod (1867) heißt es in dem Anhang der Lebensbeschreibungen der Eichstädter Bischöfe von Conrad I. fundatore monasterii Rebdorf:

„Oonrado tota lex juris erat bene nota."

Die Bezugnahme des Verfassers des Katalogs auf ꝛc. ꝛc. „Herrn und Vater Kilian Leib" gibt ungefähr die Zeit an die Hand, in welcher die Fertigung des Katalogs erfolgte.

Kilian Leib lebte zur Zeit der Reformation.

In Hotters „Eichstätt, Geschichte der Stadt und des Bezirksamtes 1865" ist von Leib zu lesen:

„Als einer der frömmsten, gelehrtesten und berühmtesten Männer seiner Zeit glänzt Kilian Leib, der Rebdorf von 1503 bis 1553 regierte. 1471 zu Ochsenfurth geboren und früher Prior zu Rheinhaupten trat er der neuen Lehre in Predigtstuhl und Schriften entgegen und vertheidigte seinen Glauben, sowohl auf dem Reichstag zu Augsburg als bei dem Religionsgespräch zu Regensburg. Er stand im Verkehr mit den Gelehrten seiner Zeit, auch mit Herzog Wilhelm IV. von Bayern und Markgraf Friedrich von Ansbach. Er starb am 12. Juli 1553."

Es ist nun zwar nach der Regierungszeit Leibs für die Feststellung des Alters des Katalogs ein Spielraum von 50 Jahren gegeben, allein da der Katalog bis zur Abdankung des letzten Wülzburger Abtes Veit von Gebsattel, ja bis zu dessen Tod reicht, so mag das letzte Jahrzehnt von Leibs Regiment das zutreffende sein.

Jedenfalls ist der Katalog vor 1553 geschrieben.

Erste Quelle zur Geschichte Wülzburgs ist somit die Zeit Chunos 1278; zweite das Ende der ersten Hälfte des 16ten Jahrhunderts.

Bertholdus, Abt zu Wülzburg folget nach Conrado, verwaß die Abtei Sieben Jahr.

Effridus regieret drei Jahr und verschied in Christo.

Isembertus succedirt Ihme in der Regierung zu Wülzburg Abt Effrido, das Kloster sehr eingegangen war, vollbrachter mit nutzbaren Gebauen vnd verwaß die Regierung ganz Löblich Siebenzehn Jahr.

Er besuchte die Synode, welche Bischof Otto von Seckendorf im Jahr 1168 zu Eichstätt mit den 10 Landcapiteln und deren Vorständen hielt, auf welcher de

Episcopatu undique in unum congregato communis vita canonicorum catholicorum verhandelt wurde.

Conradt, Abt vollendt den angefangen Bau seines Antecessoris vnd regieret daſſelbig 7 Jahr vnd starb.

Heinrich volget nach Conrad und regieret auch 7 Jahr.

Rigenhardus, Abt zu Wülzburg, ein frommer chriſtlicher Mann verwaß die Haushaltung seines Gotteshauses ganz löblich mit Bauen vnd anderen zur Nothdurſt 15 Jahr.

Conrad der dritte dieſſ Nahmens, regiert das Kloſter 10 Jahre.

Peregrinus, Abt zu Wülzburg, ein sehr weiser wohlverſtändiger Mann, dieser erlangt von Päpſtlicher Heiligkeit die Inful vnd Pantoffel sammt vielen Berechtigkeiten, wie dann in Päpſtlicher Bull ſind begriffen. Und war der erſte Abtus Inſulatus hat regieret das Kloſter 19 Jahr.

Fuchs in seiner Geschichte von Blankſtetten bemerkt dort bei dem achten Abt Hartwicus 1216—1244:

„Es begegnet uns aber im Jahr 1216 in einem Vergleich Abt Peregrinus von Wülzburg. Als ein gewiſſer Sigehard aus der Familie U. L. Fr. in Plankſtetten eine Frau aus der Familie d. i. dem Unterthanenverbande der heil. Apoſtel Petrus und Paulus zu Wülzburg heirathete, was mit Einwilligung der Aebte der beiden Convente geschah, so wurde dabei feſtgeſetzt, daß die Kinder aus dieser Ehe zur Hälfte jedem Kloſter gehörig sein sollten, die Aebte wechselten darüber gegenseitig geſiegelte Briefe aus.“

Nach einer Urkunde d. d. bei Ravenna im Monat April 1226 nimmt Friedrich II. das Kloſter in seinen beſondern Schutz, und beſtätigt schon alle possessiones et tenimenta, welche das Kloſter der Gnade seiner Vorfahren, der Römischen Kaiser und Könige und Andern von seiner Stiftung an zu danken.

Heinrich, römischer König, beſtätigte nach einer Urkunde d. d. bei Weiſſenburg den 13. Juli 1230 dem Abt Peregrin die Guterwerbungen in Riedern bei Gunzenhausen. Als Zeugen ſind unterzeichnet: Gottfried von Hohenloh und Ulrich von Spielberg.

Hoffmann läßt Peregrin im Jahre 1228 ſterben, dagegen spricht aber obige Confirmation über Riedern von 1230.

Rechnet man die einzelnen Regierungsjahre der Aebte, wie ſie der Katalog angibt, zusammen, so würde die Regierung des Abt Peregrinus wohl mit 1228 ſchließen, allein es dürfte nach dem Tode oder Abgange eines Abtes bis zur Wahl seines Nachfolgers immer einige Zeit verſtrichen sein, so daß solche in der Zwiſchenzeit von 10 Aebten wohl einige Jahre betragen haben mag.

Peregrinus kann daher 1230 noch am Leben und im Regiment gewesen sein.

Die Inful scheint dem Peregrinus und zugleich seinen Nachfolgern im Amte gegeben zu sein, da sowohl ein älteres Abtssiegel, so wie das des letzten Abtes diesen mit der Bischofsmütze zeigen, die Aufnahme der Inful in das Wappen oder Siegel gewöhnlich war.

Burkhard, Abt, succedirt nachmals Peregrinus in der Regierung, hat das Kloster mit Zu Bringung vnd Kauffung vieler Dörffer vnd Weyhler darvmb sehr gemehret vnd gebeßert, dem Kloster vorgestanden, mit Verwaltung 9 Jahr.

Von Agnani aus verlieh Pabst Gregorius IX. unterm 12. August 1238 dem Kloster das Recht des Begräbnisses.

Pabst Innocenz IV. nahm laut Urkunde d. d. Lugbuni 3. Juli 1246 die Abtei in seinen besondern Schutz und bestätigte sie in allen ihren Besitzungen und unterm 10. Juli desselben Jahres hält er die Gläubiger des Klosters an, bezüglich ihrer Forderungen darzuthun, daß ihre Darlehen auch wirklich in den Nutzen des Klosters verwendet worden seien.

Otto von Schwabsberg, vom Adel gebohren, Abt zu Wülzburg, ein frommer gelehrter Herr, Verwaß die Abtei zu Wülzburg gar wohl 7 Jahr, wurde nachmals Ao. Domini 1256 in das Closter gen Ellwangen postuliret, allda nach Absterbens Abt Rudolphs, zu einem Abt daselbst Eligiret, welches er nachmals auch verwaltet 14 Jahr.

Unter ihn fällt die Indulgenz des Papstes Innocens IV. für die Kirche St. Petri zu Wülzburg d. d. Lugbuni den 20. Septbr. 1249.

(Innocens pater et organon veritatis genannt, der Feind der Hohenstaufen.)

Unterm 23. Oktober 1250 nimmt dieser Pabst das Kloster in seinen besonderen Schutz mit Bezug auf den bereits im Jahre 1247 zugesicherten und benennt als einzelne Gegenstände dieses Schutzes den Ort, wo das Kloster steht, die Kornhäuser der Wülzburg und Walmenthal, die Zehnten, die Häußer, Felder, Güter, Huben und Einkünfte von den Dörfern (villis), welche heißen, Wizzenburg, Wettelsheim, Niederhofen, Hohenstadt, Kele, Ramensawe, Olfsheim, Wimmersheim, Husen, Eberswang, Samenheim, das Patronat in den Kirchen Wizzeburg, Husen, Wettelsheim, deren Felder, Wiesen, Weinberge, Wälder, Weiden, Gewässer, Mühlen ꝛc. ꝛc.

Niemand soll einen Novatzehnten, wofern er solchen nicht schon länger besitzt, von ihren Aeckern zu fordern berechtigt sein. Zur Zeit eines Interbicts sollen sie bei verschlossenen Thüren und ohne Gebrauch der Glocken Messe lesen dürfen. Innerhalb der Grenzen ihres Kirchensprengels soll keine neue Kapelle errichtet werden. Allen geistlichen und weltlichen Behörden soll jede Auflage auf sie untersagt sein. Sie sollen vollkommene Begräbnißfreiheit für alle, mit Ausnahme der von Bann Getroffenen haben, die bei ihnen begraben sein wollen. Sie sollen berechtigt sein, sich Zehnten und Besitzungen zuzueignen, welche ihrem Kloster von Layen vorenthalten werden. Sie sollen das Recht haben, nach dem Tode eines Abtes sich einen andern nach Stimmenmehrheit zu wählen. Es soll Jedermann verboten sein, in der Nähe des Klosters und dessen Zehentscheuer zu rauben und zu morden, zu brennen oder einen Menschen gefangen zu nehmen. Endlich werden alle alten Freiheiten bestätigt und alle, welche gegen diese päpstlichen Verfügungen handeln mit dem Bann und ewigem Feuer bedroht.

In Gegenwart des Grafen Gebhardt von Hirschberg überläßt Mathilde, Gemahlin eines gewissen Jehovors, der Kirche zu Wülzburg ein Gut zu Reuth für einen Hof in Mühlenhausen. Das Instrument ist d. d. Wellenheim 20. Februar 1251.

Einige Conventsbrüder hatten sich soweit vergessen, an den Abt Hand anzulegen und wurden deshalb excommunicirt. Am 20. Juni 1254 gestattet der Pabst Innocenz IV. von Agnani aus, daß der Abt diesen Conventulen Verzeihung angedeihen läßt.

Unterm 20. August 1254 erklärt dieser Pabst in einer Streitsache des Regensburger Kapitels gegen den Rektor der Kirche zu Stauf mit Namen Heinrich, das Vorgehen des Abtes zu Wülzburg bezüglich des Kanonikats und der Präbenden für nichtig und legt dem Rektor zugleich Stillschweigen auf.

Im Jahre 1255 schenkte Walther von Siepeberg dem Kloster das Patronatsrecht über die Kirche zu Hürlbach, welche Schenkung Bischof Heinrich von Eichstätt im Kapitel vom 9. Juni 1255 bestätigt aber fordert, daß das geringe Einkommen des Pfarrers erhöht und das Kloster die Pfarrei besorgen lasse.

Nach einer Urkunde vom Schloß Flüglingen vom 1. Oktober 1255 übergibt der junge Cropf vom neuen Schloß zu Flüglingen mit Zustimmung seiner Gemahlin Kunigunde, einer Tochter Konrads von Görn einen Hof zu Weimersheim dem Kloster.

In dem Jahre 1255 glückte es dem Abt den Friedrich von Hesselberg dahin zu bringen, daß dieser einem Streit entsagte, den er über zwei Höfe zu Stadelhofen begonnen hatte.

Bischof Heinrich von Eichstätt suchte im Jahre 1254 die Klagen der Klosterbrüder zu Wülzburg über Mangel an geeigneten Nahrungsmitteln durch die Einziehung eines Theils der Pfarrgüter zu Wettelsheim abzustellen, eine Erlaubniß, welche Papst Alexander 1257 bestätigte.

Ulrich, Abt zu Würzburg, volget nach Abt Otten, regieret das Kloster 4 Jahr und Ao. Domini 1260 von Hunnen gefordert in das Closter Plankstetten

Benediktiner Ordens von Graf Ernsten von Hirsberg Ao. 1129 fundiret, alda auch zu einem Abt ordiniret und confirmiret, der letzte Graff des Geschlechts Graff Gebhards von Hirsberg genannt, verschaffet vor seinem End, als er kein Erben hatte, seine ganze Graffschaft Hirsberg, Schloß und die Stadt Berching dem Bistumb Eichstett, das Landgericht aber kam an die Herrschaft Bayern, Gemelter Graff Gebhardt starb Ao. 1305. Liegt zu Rebdorff schier mitten unter einem hohen Marmorstein im Closter in der Kirchen begraben.

De hac donatione Gebhardy ad Conradum secundum. Episcopum Aichstatt-tales ex tant Vensiculj.

Montem cervorum durum castrumque decorum et res, Conrado, Gebhardus Egotibi trado quas Willibaldo mei vice suscipias patris almi aeternam et requiem mihi is impetret atque salutem.

Fuchs sagt hierüber:

„1238 wurde Ulrich von Murr, Abt des Klosters Wülzburg, zum Abte in Plankstetten gewählt, da dort kein tauglicher Nachfolger des verstorbenen Ulrich I."

Er erzählt dann weiter von dem Ubalricus II. 1258—1264:

„In Wülzburg herrschte um diese Zeit gute klösterliche Ordnung, und es wurden von da aus in verschiedene Klöster Aebte berufen. Der Ruf nach Plankstetten traf nun den Abt selbst Ulrich von Mur, der ihn auch annahm. Die Chronik läßt ihm im Jahr 1258 ankommen, und sechs Jahre daselbst verweilen, setzt aber seinen Abzug auf das Jahr 1262 als in welchem er entweder nach hergestellter Ordnung wieder in sein Mutterconvent zurückkehrt, wo sich während seiner Abwesenheit ein Abt natürlich nicht findet, oder er wurde als neuer Abt durch förmliche Wahl wieder abgefordert."

Wenn seine sechsjährige Amtsführung in Plankstetten richtig, und das Jahr seines Abzugs genau angegeben, so war seine Ankunft wohl schon im Jahre 1256 erfolgt; allein die kritische Reihenfolge der Aebte in Wülzburg läßt ihn erst in diesem Jahr Abt werden, sohin wird er auch erst 1258 nach Plankstetten gekommen sein, das er dann erst 1264 wieder verließ.

Von dieser Zeit findet er sich in Wülzburg, wo er gleichfalls noch 6 Jahre gelebt haben soll und am 29. März starb im Jahre 1270. In dem alten Katalog ist die Berufung nach Plankstetten aber erst 1260 erfolgt und er schweigt von dessen Rückkehr.

Der Katalog läßt den Nachfolger Ulrichs, den Chuno, erst 1278 Abt werden, was sich auch sonst bewahrheitet; es muß sonach eine Verwesung der Abtstelle stattgefunden haben.

Hoßmann und Bolz setzen den Abgang nach Plankstetten gleichfalls auf 1260.

Ersterer bezeichnet den Ulrich gleichfalls des Geschlechts „von Muhr".

Nehr dagegen läßt Chuno schon 1260 Abt werden, was nicht richtig, da dieser noch 1278 als Mönch zu Augsburg bei dem Kaiser für sein Kloster Recht suchte.

Chuno wurde anstatt etliche Jahr eines Abts gesetzt, zu der Zeit vnd Regierung Kaiser Rudolphs von Habsburg, vmb das Jahr Christi 1278, ein Mann in weltlichen Dingen sehr gebraucht.

Dieser Abt Chuno ist der, welcher mit Beginn dieser Zusammenstellungen sogleich als älteste Quelle für die Geschichte und Entstehung des Klosters Wülzburg bezeichnet wurde und dem mehr oder weniger von den spätern Geschichtschreibern nacherzählt wurde und der 1278 noch als Mönch bei Kaiser Rudolph zu Augsburg Namens des Abtes und des Conventes in Wülzburg Klage gegen den Reichsvogt zu Weissenburg mit gutem Erfolg geführt hat.

An ihm erfüllt sich jetzt spät die Gerechtigkeit, welche er in seinen Aufzeichnungen dem Gedächtniß begabter Männer wollte zu Theil werden lassen.

Daß Chuno sein Kloster bei dem Kaiser mit Erfolg vertreten hat, ergibt des Letztern Erlaß von demselben Jahr, nach welchem Reichsvogt Conrad von Weissenburg wieder auf die 10 Mut Haber zurückgewiesen wurde, die und nicht mehr er als hergebracht zu fordern hatte. Die 10 Mut Haber gaben den Namen; es handelte sich aber dabei überhaupt darum, den wachsenden Uebergriffen der Reichsvögte ein Ziel zu setzen.

Bertholdus von Münster, Abt zu Wülzburg, hat das Kloster Wülzburg in der Regierung lange Zeit löblich vnd wohl verwesen; in seiner Regierung hat Graff Friedrich von Trühdingen sambt seinem Gemahl Agnes das Closter mit etlichen Gütern begabet.

Sollachhofen, 1283. Dieser Abt Berthold starb Ao. Dom. 1300. Ligt in S. Annen Capellen neben dem Creuzgang.

Daß ein solcher Gang zu Klosterzeiten vorhanden gewesen ist, wird hier zum ersten Mal ersichtlich. Solche Kreuzgänge fehlten den Klöstern selten. Der hier kommt später noch einmal in Betracht.

Zu bedauern ist, daß sich eine Abbildung des Klosters aller Mühe ungeachtet, nirgend auftreiben ließ.

Abt Berthold erkaufte im Jahr 1282 für die Summe von 87 fl. Heller von dem Grafen Berthold von Graisbach den Bruckhof in Bubenheim, die Brücke, einen Fischteich, zwei Lehen und eine Hube.

Der Abt kam mit den Gebrüdern Albert und Walther von Bertholdesheim super quibusdam hominibus de Bertholdesheim in einen Streit. Solchen schlichtete der Bischof Reimbot von Eichstätt lt. Urkunde d. d. Eystet Ao. 1282 VIII. Idus Junii. Es handelte sich um die Parentel über die Brüder Wolfram und Ludwig von Bertholdsheim und Friedrich genant Tober von Reyne und der Bischof erkannte, daß diese ihre Dienste und sonst das, was die übrigen Angehörigen des Klosters zu leisten, diesem nach wie vor zu leisten hätten.

Unter Abt Bertholds Regierung bestätigten die Brüder Conrad und Heinrich von Salach die Schenkung des Patronatrechtes über die Kirche zu Salach von Seite ihres Bruders Ulrich, der als Mönch ins Kloster eingetreten war, im Jahr 1282 durch den Bischof Reimbot.

Am 21. Januar 1287 theilt Abt Berthold und Conrad, der Stadtamtmann zu Weissenburg, eine Urkunde des Grafen von Spitzenbeck als Vidimus mit. Dieselbe ist ausgestellt am St. Albanstag (21. Juni) des Jahres 1275.

Diese Urkunde ist im Besitz des germanischen Museums zu Nürnberg.

Unter diesem Abt kam die Stiftung eines Klösterleins in Weissenburg für Schwestern des Augustiner-Ordens, im Jahr 1290 zum Vollzug und Genuß eines eigenen Gebäudes, welche Stiftung im Jahr 1242 Kaiser Friedrich schon genehmigt hatte.

Eine Urkunde vom Jahr 1294 sagt, daß das Kloster das Patronatsrecht über die Kirche zu Weissenburg von einem Kaiser erhalten hat. In dieser Urkunde verordnet nämlich Bischof Reimbot von Eichstätt, daß weil das Kloster Wülzburg von Kaisern das Patronat über die Hauptkirche zu Weissenburg bekommen habe, und mit Bewilligung seiner Vorfahren am Bisthum den Zehnten davon genieße, der Abt und Convent bei jeder Erledigung der Pfarrstelle einen Weltgeistlichen als ständigen Vikar dieser Stelle präsentiren sollen, welcher von dem Einkommen derselben jährlich 18 d. Heller am Wallburgistage, 9 d. Heller im Mai und 9 d. Heller an Maria Geburt dem Convent zu ihren Präbenden liefern solle, und welcher sich beständig in seinem Pfarrsprengel aufzuhalten verpflichtet ist. Präsentiren sie keinen solchen, so soll der jedesmalige Bischof das Recht haben, einen selbst zu setzen. Das erwähnte Geld soll blos zum Ankauf von Wein verwendet werden, der den Klosterbrüdern zur Advents- und Fastenzeit zu reichen ist.

Bernhardus succedirt nach Bertholdo und versah das Closter in seiner Regierung lange Zeit sehr loeblich, Er brachte etliche Güter zu wegen zum Closter Ao. Dom. 1310 von Conraden Freyherrn, wohnhaft in seinem Schloß über gegen den Niedergang der Sonnen, Flügeln genant und seinen Gemahl Margarethen und beeden Söhnen, Heinrichen und Johannessen.

2*

. Diesem Abt bestätigte Heinrich, römischer König am 25. August 1309 von Speier aus, die Privilegien, welche dem Abt und Convent des Klosters der heil. Peter und Paul von Friedrich II., römischen Kaiser, im Jahr 1226 verliehen worden.

Es sind Urkunden vorhanden, nach welchen Ludwig, Römischer König, dem Reichsvogt und Holzberechtigten seines Waldes bei Weissenburg aufträgt, dem Abt und Convent aus diesem Wald Brennholz nehmen zu lassen ohne Verhinderung, sowie es auch vorher geschehen.

Urkund. vom 13. Juli 1315.

Conrad mit dem Zunahmen Leuzenauer, Abt zu Wülzburg, wurde nach Absterben seines Bruders Abt Ullrichen zu Scheuern, dem Closter im Landt zu Bayern, by Pfaffenhofen dem Stättlein gelegen, Ao. 1330 zu einem Abt postulirt vnd allda Eligirt, verwas allda gar löblich die Abtei 15 Jahr, vnd als Er sehr alt, Kranth vnd Schwach war, erlanget er vom Kayser Ludwig dem Bayern die Pfarr zu Pfaffenhofen vnd bezog dieselbe vnd resignirt die Abtei.

Abt Conrad und sein Convent ging 1338 die erste Verbrüderung mit dem Kloster Anhausen an der Wörnitz unter Abt Seyfried ein, auf die Bedingung, daß alle Mönche des einen Klosters mit einem Empfehlungsbrief in das andere Kloster als Bruder aufgenommen und so lange bleiben dürfen, als ihnen beliebt oder sie ihr Abt nicht zurückruft und daß nach jedes Mönches Tod in dem verbrüderten Kloster Seelenmessen für ihn gehalten werden sollen.

Es ist das das Annhausen, in welchem am 4. Mai 1608 die protestantischen Stände zusammentraten und die Union zur Vertheidigung ihres Glaubens und Landes schlossen; der entgegen am 10. Juli 1609 die Liga der Katholiken unter Maximilian sich zu München bildete.

Kaiser Ludwig bestätigte am 22. März 1331 das Kloster in der Ausübung des Präsentationsrechtes zur Hauptpfarre in Weissenburg, befreite es von der Obliegenheit, in Beziehung auf seinen Zehnten von Weissenburg, Klagen vor dem dortigen Reichsvogt, dem Rathe und der Bürgerschaft Rede stehen zu müssen und wies es an, dieß nur vor einem geistlichen Gerichte zu thun.

. Dieser Kaiser ertheilte am 22. September 1331 den Bescheid, der dem Reichsvogt und den Bürgern in Weissenburg untersagte, das Kloster in seinen Rechten und Hölzern zu stören.

Er ertheilte am 3. März 1333 dem Kloster das Recht zu dem Spital in Weissenburg, dermal den Spitalpfleger und Spitalpfarrer zu ernennen und die Aufsicht über die ganze Anstalt zu führen.

Aus der darüber gefertigten Urkunde erhellet, daß der Kaiser die Verwandlung des Frauenklosters in ein Spital darum genehmigt, weil der Abt sich erboten hatte, sechs Höfe und Güter außerhalb und sechszehn Häuser innerhalb Weissenburg dazu zu stiften, nachdem das Frauenkloster so eingegangen war, daß in manchen Jahren gar kein Gottesdienst mehr darin gehalten worden war.

Zum Vortheil des Spitals sprach der Kaiser die Besitzer der geschenkten Häuser von allen andern Abgaben als von der an das Spital zu leistenden Häusersteuer los, und schenkte ihm und dem Kloster den Wald Steinberg.

Peregrinus, Abt zu Wülzburg, ein sehr weiser wohlverständiger Gottesfürchtiger Mann, ward vom Kayser Ludwig Bavaro, sehr lieb gehalten, welchen Er auch in seinen Consilys gebrauchet, dieser Abt Peregrinus hat durch fordernuß vnd Hilff des Kaysers aufgericht das Spital zu Weissenburg im Clösterlein so gar eingegangen, Waß vnd von seinen Vorfahren erstlich zu einem Begginen Hauß hetten gestifft, nachmals zu einem Hospital für 6 Alte unvermögliche Persohnen, zwee Priester sambt einem Thorwarten, Knecht und Maegdt geordnet hatten, auch sie mit Jährlichen ein Kommen versorget, wie dann Ihnen solches auff heutigen Tag ganz loeblich noch gereichet wird, von denen Verwalter oder Castner des Orts.

Jung in seiner Geschichte der Wülzburg thut dieses Abtes mit keiner Silbe Erwähnung.

Seine Existenz ist aber doch wohl durch die Aufführung des Katalogs zweifellos, nachdem solcher in allen sonstigen Aufzeichnungen der Aebte mit den vorhandenen Urkunden übereinstimmt.

Darinnen aber scheint Schreiber des Katalogs gefehlt zu haben, daß er die Umwandlung des Klosters zu Weissenburg in ein Spital ganz in die Zeit dieses Abtes fallen läßt. Die Urkunden aus dieser Zeit sprechen meist nur von dem Abt und Convent, ohne den Namen des Abtes anzuführen. Dem entgegen bringt aber die Urkunde über die Verbrüderung mit dem Kloster Anhausen den Namen des Wülzburger Abtes und zwar den des Conrad.

Diese Urkunde schließt:

„Datum atque actum in Ahuson anno Domini Milesimo CCCXXXIII. in die Sancti Mathio Apostoli".

Es muß daher fragliche Umwandlung noch zur Zeit der Regierung des Abtes Conrad erfolgt sein, nachdem die Urkunde Ludwigs von München „der nächsten mittwochen mitevasten 1333" datirt ist.

Möglich, daß die Ausführung dieser Umwandlung dessen Nachfolger Peregrin zufiel, und so diesem ganz zugeschrieben wurde.

Wie es noch im Jahr 1545, als die Zeit, in welcher das schon mehr erwähnte Salbuch des Stifts Wülzburg errichtet worden sein mag, mit den Pfründnern in dem Spital gehalten wurde, ergibt sich S. 64 des Salbuchs, wo unter der Aufschrift „Weissenburg" folgendes darüber niedergelegt ist:

„den 8 Personen ist man zu geben schuldig, wie folgt:

Item alle Wochen zweimal mit Fleisch zu speisen als Sonntag´ und Donnerstag.

Item alle Wochen Jedem einen Laib XX. oder XXV. ₰ wert.

Item alle Morgen ein Maaß Milch oder 1 Pf. dafür.

Item Jedem zu Morgen und zu Nacht ein warme Richt von allerley Gemüß nach gestalt und Gelegenheit der Zeit.

Item Jedem alle feiertag außerhalb der Sonntag ein Seible Bier.

Item wenn sie zum hochwürdigen Sakrament geen, Jedem ein Seible Wein, Fisch und Fleisch, auch für 1 ₰ schön Brob.

Item Jedem alle Quattember XVI. ₰ Quattember Gelts.

Item Jedem alle Jar ein Gulden für ein Pelz.

Item alle St. Johannistag Jedem ein Seible gutes Medt und vier pfennig schön Brob.

Item an St. Merttes Tag etlich Genß für sie und Gesindt, und Jedem ein Seible Wein.

Item am heiligen Christtag Jedem ein Semmel 12 oder 15 ₰ wert.

Item ein Christbraten sämtlichen miteinander vnd Jedem ein Seible Wein.

Item Jedem einen halben pazen zum Neuen Jar vnd Opfergelt.

Item so man Schwein sticht, Jedem etlich groß vnd klein Würst auch Fleisch.

Item so das Obs am Zehenden gerebt, Jedem ein Korb voll Aepfel.

Item so man Liecht macht, etlich Liecht.

Item zu Ostern Jedem ein Flaben, vnd ein Seible Wein auch ein Braten miteinander.

Nota diesen Pfründtnern oder gestifften person hält man noch eine Köchin vnd ein Vieh Maidl, die man neben der Besoldung mit allen Stücken außerhalb der Pelz vnd Quattembergelt, wie sie die Pfründtner halten muß, nach fest alle Tage zu Morgen vnd Nachts mit fleisch speißen.

Nota zu Unterhaltung jezt gemelter gestiffter personen vnd Jrem Gesindt werden järlichen VIII. oder X. Kue vnd etlich Schwein gehalten, so unter der von Weissenburg hierten alter Gewohnheit noch getrieben, deren Hierten man jedem järlichen ein Mezen Korn vnd das mithingelt schuldig ist.

Item so denen von Weissenburg Jr Aichel aff Jren hölzern geraten, mag von gemelter Pfründtner wegen Järlichen zwei Schwein bey den Jren gegen den Hirtenlohn eingeschlagen werden, soll also mit altersher gehalten worden sein.

Nota wie wolh im Anfang gemelt, das alle person umb Gots Wille eingenommen werden soll, so ist boch Innerhalb der Zeit so man biß Buch aufgericht für gut angesehen das ein Jede person ein Kue neben sein Betgewandt
vnd anderm mit Ime Irn die Pfründt bringen soll.

Item so ein person stirbt, soll die Kue Im Klosterlein bleiben auch sein
eingebracht Betgewandt vnd anderß.

Note bis anhero sein nichts denn gar arme Leut so etwa Schaden gehabt
vnd lange gelegen biß sie verstorben sein, eingenommen worden, deren Bet
gewentlich Kleidung vnd anders ganz ringschäzig gewesen, solcher Ursachen ebern
durch die andern ausgeteylt oder Jren armen freundt gegeben worden, welches
alles bey der Herrschaft steet, solches zu thun oder nit.

Item kein Pfründtner soll on Vorwissen des Kastners auß dem haus nit
liegen, Noch bei einer Straff Niemand hausen vnd herbergen.

Nota zu Unterhaltung obgemeltes Viehs wirt die Fütterung aff dem Wißmat des Sehs bei Emezheim vnd des Prühls zu Wachenhofen gebrauchen,
auch das Sehmeißlein vnd Garttnfutter, wer solches fuern muß, net bei der
fron vermeldt.

Es wurdet auch zur Unterhaltung vorgemelter Pfründtner vnd Jrem Vieh
der Ruben vnd Kraut, auch Obs, Graß, Flachs vnd Kleeszehenden, Inns
Klösterlein eingesammelt.

Item die XII. Pauern zu Oberhohenstatt, die IIII. zu Niederhofen vnd
der Zehentbauer vnd der Besitzer offen Zehenhoff sein schulbig, das Prenholz
für die Pfründtner zu fuern Nemlich jeder des Jareß VI. pretth benanntlich
zween off Ostern, zween off Pfingsten vnd zween off Weihnachten".

Es ist hieraus ersichtlich, daß die für ihre Zeit reichliche Stiftung von
Seite der Herrschaft auf eine sehr wohlwollende Weise exekutirt wurde und es hieß
hier nicht umsonst: unter dem Krummstab sei gut wohnen.

Dieses Klösterlein lag innerhalb der Stadt Weissenburg zwischen dem
weißen Thurm und dem Frauenthor und ist vor der Reformation als ein Frauenkloster Augustiner-Ordens zu U. lieben Frauen genannt, bekannt gewesen und im
12ten oder zu Anfang des 13ten Jahrhunderts von einem Abt zu Wilzburg als
ein Beguinen Haus gestiftet worden, wie Stieber berichtet. Im Jahre 1331 aber,
wie schon berührt, vom Kaiser Ludwig aus Baiern, wegen des in solchem ganz in
Abgang gekommenen Gottesdienstes in ein Hospital zur Beherbergung armer siecher
Leute verwandelt, dem Kloster zu Wilzburg übergeben und zur bessern Verpflegung
dürftiger Personen sub dat. München den nächsten Mittwoch nach Mittelfasten
1333 mit verschiedenen Gütern botirt, auch im Jahr 1341 mit Ablaß begabet.

Es wurde mit seinen Gütern vorhin von dem Kloster Wilzburg durch einen eigenen Conventualen, aber seit der Reformation durch einen Brandenburgischen Beamten verwaltet. Es bildete der Bequemlichkeit halber gleichsam auch ein Kastenamt des Klosters, dessen Besitzungen dazu theilweise gelegener waren als zum Kloster selbst auf dem steilen Berg.

Ulrich von Salach regiert umb das Jahr 1338.

Als Kaiser Ludwig dem Bürgermeister und Rath zu Weissenburg an dem Forst zu Weissenburg und andern Hölzern eine Gnade erzeigte, versicherte er in einer Urkunde zu Nürnberg am Samstag nach unserer Frauen zu Lichtmeß des Jahres 1339, daß dieß dem Abt und dem Gotteshaus zu Wilzburg und ihren Dörfern und Leuten an der Hasenau und andern Hölzern kein Schaden sein solle.

Im Jahr 1341 machte der Rath zu Weissenburg dem Gotteshaus zu Wilzburg eine Wiese im Weissenburger Feld, und eine Hofrait zu Weissenburg in der Vorstadt streitig. Abt Ulrich erholte sich dagegen durch den Klosterbruder Peter von Wilzburg ein Zeugniß von Cunrat Großschultheiß und Scheppen der Stadt Nürnberg über die eidliche Versicherung des Herrn Albrecht Ebner und Cunrat Pilgram, daß Frau Peters dem Abt und Convent Wiese und Hofrait redlich zu kaufen gegeben habe d. d. Samstag vor Sanct Dionys-Sonntag des Jahres 1348.

Unter diesem Abt wurde auch dem Kloster vom Kaiser Kaiser Karl IV. die Ao. 1226 vom Kaiser Friedrich ausgewirkte Freiheit sub d. Nürnberg Idus Nov. 1347 von Wort zu Wort bestätigt.

Der Streit über die Wälder Hasenau und Steinberg, den die Stadt Weissenburg heraufbeschworen, wurde durch des Kaiser Karls und der Burggrafen zu Nürnberg Johann und Albrecht Vermittlung beigelegt, eine Theilung vorgenommen und mußte die Stadt darüber am Freitag vor Allerheiligen Tag 1347 eine Urkunde ausstellen, und versprechen, daß kein kaiserlicher oder königlicher oder päpstlicher Brief, den sie dagegen hatten, oder noch erhalten sollten, dagegen Kraft haben sollte.

Kaiser Karl bestätigte am Samstag der nächst war am Allerheiletag 1347 selbst diese Theilung, die Burggraf zu Nürnberg Johann getroffen, nachdem der Abt und Convent zu Wilzburg ein Theils und Rath und Bürger der Stadt Weissenburg anderseits persönlich darum gebeten.

Heinrich, Abt zu Wülzburg, Pignus dictus, der Faist. Stand vor umb das Jahr Christi 1351, starb Ao. Domini 1357.

In die Zeit seiner Regierung fällt die Urkunde Karl IV. d. d. Norimb den 6. Novbr. 1347, nach welcher dieser Kaiser dem Abt und Convent alle die Privilegien bestätigt, welche Friedrich II. solchen im Jahr 1227 verliehen hatte.

Obige Annahme gründet sich darauf, daß wie der unmittelbare Vorgänger und der nächste Nachfolger darthun, jeder neue Abt sucht vom Kaiser eine solche Confirmation der alten Verleihungen zu erholen.

In seine Zeit fällt die Bestätigung Kaiser Karls d. d. Pragao 4 Kal. Aug. Ao. 1353 des Privilegiums, welches Abt und Convent im Jahre 1278 von dem römischen König Rudolph über die Zahlung der 10 Mut Haber und nicht mehr an den Reichsvogt zu Weissenburg erhalten hatte. Und schlagen in diesem Betreff zwei Urkunden vom Jahr 1356 ein, welche die Monumenta Zollorana bringen und auch schon Jung abgedruckt hat.

In der einen am 3. Dezember 1356 befreien die Burggrafen zu Nürnberg Johann und Albrecht als Pfandherrn in Weissenburg den Abt von Wülzburg von der Anforderung des Amtmanns zu Weissenburg außer den hergebrachten jährlichen 10 Mut Haber noch 10 ₰. Heller für außergewöhnliche Gastungen und 10 ₰. Heller dafür, daß sie in den Forst fahren, zu entrichten, nachdem solche Anforderung nicht hergebracht und gegen die Briefe der frühern Kaiser und Könige sei.

Die andere aus demselben Jahre enthält einen Revers des Wirich von Treuchtling Amtmann zu Weizzenburc darüber, daß ihm die Herren Burggrafen Johannes und Albrecht ernstlich und vestiglich geraten haben, fragliche 20 ₰. Heller nicht mehr von dem Kloster zu verlangen und daß er in Folge dessen in seiner Eigenschaft als Amtmann zu Weissenburg solches für alle Zeiten davon los und ledig spricht.

Conrad von Morspach, Regiert umb das Jahr Christi 1371 Electus 1357.

Ihm bestätigte 1361 Kaiser Karl IV. sämmtliche Freiheiten, welche Kaiser Rudolph 1278 dem Kloster verliehen hatte, nachdem inzwischen die Stadt Weissenburg wieder von dem Burggrafen zu Nürnberg abgelöst und an das Reich gekommen war und in demselben Jahre stellte dagegen Wirich von Treutling als Amtmann zu Weissenburg wie früher den entsprechenden Revers aus.

Allein schon im nächsten Jahr war Abt Conrad wieder gezwungen, gegen die alten Bedrückungen die kaiserliche Hilfe anzurufen und dieser erläßt von Nürnberg aus am nächsten Mittwochen nach dem Ostertag 1372 eine neue Anforderung an den Weissenburger Amtmann sowie an den Bürgermeister und Rath, dem früheren Befehl nachzukommen, worauf sich am Lichtmeßtag 1373 Johannes von Hausen zur Zeit Amtmann zu Weissenburg aufs Neue, wie Wirich von Treutling reversirt, das zu thun, was sein gnädiger Herr ꝛc. mit seinen Briefen und auch mit seinem Mund unter Augen ihm geheißen.

Unter Abt Conrad kam wieder eine Verbrüderung mit dem Kloster Schyrn und zwar im Jahr 1369 unter denselben Bedingungen zu Stande, wie die mit Anhausen im Jahr 1333.

Der Abt des Klosters Schyrn war Ulrich.

Unter Conrad kaufte Kloster Wilzburg Wettelsheim mit der Vogthey, Gerichte und allen andern Rechten und Nutzen vom Kaiser Karl IV. um 2100 Pf. Heller unter der Bedingung, daß Niemand solche Vogthey abzulösen Macht haben solle, denn allein der römische Kaiser.

Bischoff Heinrich von Eichstatt, ein Graf von Würtemberg hatte schon 1254 einen Theil von Wettelsheim und zwar die Kirche mit dem Pfarrecht dem Kloster per donationem übergeben, welche Schenkung Pabst Alexander IV. im Jahr 1257 genehmig hat.

Diese Kirche wurde sub dat. Norimbergae die 15 mensis May a. 1426 von dem Karbinal de Ursinis mit dem Ablaß begabt.

Auch Graf Friedrich von Truhendingen, Graf Ludwig von Oetting und Graf Berthold von Graisbach hatten bereits 1283 das Kloster mit ihren Gütern zu Wettelsheim beschenkt, ebenso waren da die Kaisersheim'schen Besitzungen zu Wettelsheim dem Kloster zugefallen.

Im Jahre 1380 am nächsten Sonntag nach dem weißen Sonntag beurkundet Chunrat Abt zu Wilzburg, daß Chunrath Wekmann von Trumedzheim vor Gericht erschienen sei und gegen Heinrich Mayer um ein Erbe von dem Gotteshauß zu Wülzburg auf Grund guter Briefe Klage geführt habe. Das Gericht erkennt die Ansprüche des Chunrat Wekmann auf das genannt Erbe an und spricht ihm dasselbe zu.

Abt Conrad gelang es, sich wegen der Irrungen über die Steuer von des Klosters Gütern mit dem Rath zu Weissenburg zu vereinbaren und zwar dahin, daß das Kloster für seine steuerbaren in der Stadt und Markung Weissenburg gelegenen Besitzungen, so zu der Abtei, dem Spital und dem Klösterlein gehören, nach der Stadt Recht und Gewohnheit versteuern und dafür jährlich dreißig Pfund Heller zalt.

Es wurden dabei die einzelnen Objekte mit denen auf ihnen liegenden Lasten aufgeführt und genau bezeichnet.

Weiter, daß von den Gütern, welche Abt und Convent verkaufen würden, der betreffende Betrag an den 30 Pfund abgehe und solchen der Käufer zu tragen habe; daß die steuerfreien Güter, welche das Kloster in der Stadt besitzt, steuerfrei bleiben.

Auch diese Güter sind speziell aufgeführt. Ferner: daß wer steuerfreie Güter des Klosters kauft, solche nach der Stadt Recht und Gewohnheit zu versteuern schuldig, und was das Kloster neu kaufe, desgleichen — wie nicht minder die Güter, die das Kloster in der Abtey und in der Custrei und in andern ihren Aemtern erwirbt und nicht schon der Abtei, dem Klösterlein oder dem Spital gehören.

Die Urkunde selbst ist von Bürger und Rath zu Weissenburg mit der Stadt Siegel ausgefertigt am nächsten Mittwochen vor St. Georgentag des Jahres 1361.

Zeugen und Teidinger waren: Jorch der Vorchtel und Aulbert der Ebner unter dem Rathaus, Berchtold der Ruther, Peter der Stromaier, Heinrich der Geuder, Bürger zu Nürnberg und Herr Wirich zu Treuchtling,

„die paider Seit mit Willen dazu gegeben wurden die die vorgeschrieben Richtigung taten zu Nürnberg in der Ratstuben und das in der alles also stet und unzerbrochen beleibe 2c."

Im Jahre 1372 ging Abt Conrad mit dem Kloster Werde unter dessen Abt Albrecht eine ähnliche Confraternität ein, wie sie 1372 mit Kloster Scheyrn abgeschlossen wurde.

Unter diesem Abt machte Frau Catharina von Lenzzenau zu Weissenburg eine Stiftung zu Gunsten des Klosters, welche der Abt ausfertigte mit seinem Insiegel und welche noch mit des bewschen Haus Insiegel zu Ellingen und mit Bestatbriefen zweier Landgericht zu Graisbach und zu Hirschberg versehen wurde. Hinterlegt wurde diese Urkunde bei der Lehensherrschaft Heydeck. Die Urkunde ist von 1377.

Die Stiftung selbst ging dahin, daß die von Lenzzenau

„ir Sel und irs Wirtsseligen, und aller ir vorfordern Seel zu hilf und zu trost"

ihren Hof und Lehen zu Weltungen dem Kloster zu Wülzburg und dem Spital zu Weissenburg in der Vorstadt bei dem Klösterlein gibt mit Gilt und allem Zubehör und soll es das Spital ewiglich haben und niessen für eigen.

Dafür soll auch ewiglich ein Siger, der nicht blind, noch lahm im Spital gehalten werden, dabei sollen die zwei Priester alle Montag an Selmes und an der Stifterin Jahrestag eine gesungen mes und drei gesprochene mes halten und dem Siegen derselben tags ein Essen von fischen oder von fleisch geben und ein halb mas Wein.

Ein säumiger Pfleger soll von dem Abt zur Rede gesetzt werden und wenn dieser es es nicht thut, der Bürgermeister, und wenn der ohne Erfolg, soll eine Jahresnutzung inne behalten werden bis wieder Vollzug eintritt.

Der Spitalmeister soll järlich ein Pfund Heller gen Wülzburg geben zu einem Jarstag für die Herrschaft von Heydeck.

Unter Abt Conrad fand noch eine Verbrüderung 1378 statt, und zwar mit Abt Otto in Castell für das Kloster daselbst.

Wilhelm, Fuz, Abt zu Wülzburg praefuit circa Annum Christi 1378.

Dieser Abt kann erst 1380 Abt geworden sein, nachdem unter der Urkunde vom 13. Februar 1380, welche sich im Besitz des Germanischen Museums befindet, und die von dem Streit zwischen 2c. Weckmann und 2c. Meyer über ein Erbe des Gotteshauses Wülzburg handelt und schon oben berichtet wurde, als Siegler „Chunrat, Abt zu Wülzburg" steht.

Ulrich der dritte dieß Namens, Abt zu Wülzburg, starb 1382, ligt in St. Annen Capellen, unter Abt Berchtoldts Stein begraben.

Zwischen diesem Abt und dem nächsten Heinrich scheint ein Abt ausgefallen zu sein.

Vom Jahr 1387 ist die Confirmation Königs Wenzels über den Kauf von Wettelsheim.

Heinrich der Sachs genannt, ward erwehlt Ao. 1391, ein sehr frommer Mann, hat die Abtey des Klosters Wülzburg verwesen 4 Jahr und 6 Monat, als Er aber Treulich hielt, über seinen Convents Brüdern mit Straff, Zucht und Gottesfurcht, hat es sich auff ein Zeit begeben, als er seinen Priorn, der Donner genannt, nach Anweisung des Ordens und Regul, die weil er ein unleidliches böes Leben führet, wollte straffen, hat solches der Prior alß ein frecher Mensch nicht leiden noch annehmen wollen, sondern ein Beyhl unter dem habitu heimblich erborgen gehabt und herfürgezogen, den Abt in den Kopf gehauen, als aber ein Geschrey und tumult worden, also daß des Abts diener zugelauffen, den Priorn erwischt und zu Boden geschlagen, daß Er todt lag, Ihn nachmals im Creutzgang vergraben und Iren Herrn in sein Gemach getragen, welcher nicht länger denn Achttag nach Ihm gelebet und am St. Bathol. Abend verschieden Ao. 1398 nachmals alß Bischoff Friedrich von Eichstett solchen Todtschlag inne worden, hat man den Priorn wieder ausgraben müssen, und ihn in den Wald bei Köhl dem Weyhler unterm Berg einscharren müssen. Unter diesem Abt Heinrichen That dem Closter Wülzberg Trangs an, auß dem Eychstetter Waldt mit Raub, Wegtreibung des Viehes, ein Böhm mit Nahmen Bersebot derhalten gemelter Abt gedrungen, dem gemelten Closter Wülzburg um Schutz Bey Burggraffen Haussen von Nürnberg anzusuchen und zutreffen Ihme auch beßhalben ein Jährlich Schutzgeld zu reichen versprochen, als solches gemelter Behnen inne geworden, wurde er ergrimmt auff den Abt, verclagt in vor Wenzelio dem Roemisch. und Beheimschen König, wie er das Closter allenirt hat, vor dem Roemisch. Reich, erlang derhalben, daß er dem Abt mehr Trangs an That, Er sambt seinen Gesellen Weichsenfelder, so gut Schnapphahnen waren, aber Burggraff Hans führt dem Abt die Sachen gegen Königl.

Mahst. hinaus und entschuldigt Ihn, daß ers nicht anderer Meynung gethan hatte, dann Zubeschnezung vor solchen ehrlichen gesellen seines Gotteshaus.

Der Bischof von Eichstätt war Friedrich IV., ein Graf von Oettingen, der von 1383 bis 1415 den Bischofssitz inne hatte, zu welchem er schon mit dem 23. Jahr gewählt war.

Die Erzählung des alten Katalogs über die Ermordung des Abtes Heinrich fand eine traurige Bestätigung im Jahr 1836 bei einem Umbau im Schlosse der Wülzburg, wie die nachstehende Aufzeichnung des Genieoberlieutenants Häring, welcher den Bau zu leiten hatte, des Näheren darthut:

„Als Anfang Juli 1836 im großen Schloßbau zu Wülzburg die Wacht= und Arrestlokale baulich verändert wurden, kam man beim Fundamentgraben auf drei Särge, welche zwischen der Widerlage und Ausmauerung des darüber liegenden Kellers und dem Fußboden der demolirten Gefängnisse und Arrest= stuben befindlich waren.

Es zeigt sich aus der ganzen Baukonstruktion, daß die angrenzende Kirche früher noch größer gewesen und den ganzen Parterre=Raum vom Kellerniedergang bis zur Durchfahrt eingenommen hat.

Auch ist bekannt und durch spätere Nachgrabung bestätigt, daß in früherer Zeit die vornehmere Klasse zu Wülzburg unter dem Kirchenpflaster beerdigt wurde, während die Uebrigen bis zu dem Jahr, wo der Wülzburger Kirchhof geweihet wurde, zu Oberhochstadt begraben werden mußten.

Obige drei Särge sind allem Anschein nach vor Schmälerung der Kirche und resp. Einrichtungen von Gefängnissen an der fraglichen Stelle im Bau= schutt oder Urbau und 15 oder 18″ unter dem Fußboden eingegraben gewesen und bei damaligem Bau an ihrer Stelle gelassen worden, denn der eine Sarg wurde unter der Mauer gefunden, welche die Kirche vom Arrest= lokale scheidet und reichte größtentheils noch unter den Raum der Kirche; ein anderer Sarg befand sich unter einer Zwischenmauer, welche zwei Arrestlokale trennt und war mit einer Steinplatte überlegt.

Die Sargdeckel waren bei zweien schon sehr zersplittert und die darunter befindlichen Gerippe von dem feinen eingerollten Sand überschüttet. Alle drei Gerippe waren nach den Becken zu urtheilen wie auch nach dem starken Knochenbau männlichen Geschlechts.

Im ersten Sarge wurde außer dem Gerippe nur ein kleines vermodertes Stückchen sehr feines Wollenzeuges gefunden, der Schädel war ohne Haare, die Zähne vollzählig und weiß.

Im zweiten Sarge war auf dem herausgenommenen Schädel eine Haube aus geblümten Seidenzeuge und darunter sehr starkes über ein Fuß langes

röthliches Haar, welches jedoch vom Schädel ganz los war. Nach Ent-
blößung des Schädels wurde an der Hirnschale, eine ungefähr 4 Zoll lange
Spaltung wahrgenommen, welche nach dem Dafürhalten des Herrn Dr.
Sommer von einem gewaltsamen Streich herrührt, und vermuthen läßt, daß
ein unnatürlicher Tod stattgefunden habe.

Bei Oeffnung des dritten Sarges fand man außer dem Gerippe ebenfalls
sehr starkes röthliches Haar und einen Rosenkranz mit Kreuz.

Obigen Schädel mit der gespaltenen Hirnschale hat Herr Dr. Sommer,
die übrigen Gebeine wurden im Kirchhof eingegraben.

Wülzburg, den 14. Juli 1836.

Häring, Jng.-Oberlt."

Diese Befundbeschreibung sammt Haube und Rosenkranz sind in einer
Schachtel in der Registratur der kgl. Festungs-Commandantschaft noch aufbewahrt.

Die Ermordung des Abtes Heinrich, sowie der daauf erfolgte Todschlag
des Priors der Donner (oder richtig der Tanner) brachten Kloster Wülzburg auch
mit dem Herzog Stephan von Bayern in Verwickelungen, welche Burggraf Friedrich
von Nürnberg glücklich löste, der für seine Zeit häufig die Vermittlerrolle auf sich
genommen und dadurch oft viel Unheil für Land und Leute vermieden hat.

Es zeigt dies eine Urkunde vom 16. November 1396, welche die monumenta Zollerana aufbewahrt haben und die also lautet:

„Jch Ulrich Jubmann, Landvogt zu Greyspach, tue kunt mit diesem brief
vor aller menniglich, die den brief sehend, hörent oder lesent, daz der durch-
lauchtig hochgeporne fürst, unser genediger Herr Herzog Stephan, Herzog in
Bayern, durch pet des edeln wolgeporen Herrn Graf Friedrichs, Burchgrafen
zu Nürnberg, den Gystlichen Herrn Abt Ulrich, Abt zu Wilzburk und allen
seinen Convent daz ieczunt in demselben egeschriben Kloster sind, oder fürbar
in künfftig in demselben genannten Kloster wonent sint ergeben hat, vnd
ergibt mit craft diez brief, allen by frevel vnd wandel, by er vor seiner herr-
schaftswegen vnd Landgerichtswegen gehabt hat, vnd nicht zu gehaben zu den
obgenannten Klosten zu Wilzburk, vnd der morb wegen, die beschehen sind,
an den Abt Ullrich vorwaren, den sachßen genannt, vnd an seinen prjor Jakob
den Tanner, der denselben egenannten Abt den sachßen ermurd hat, vnd selber
auch erschlagen warb: waz zu denselben morden vnd todslagen gewant ist vnd
in den schulden verdaht ist, daz sei heymlich oder offentlich, by puz vnd
frevelung hat mein obgenannter Herr Herzog Stephan zu hilf vnd fürderung
gar vnd gäntzlich dem vorgenannten Convent zu Wilzburk ergeben, vnd sol
fürbaz chain Forderung nimmermer niemant, von der obgeschrieben mörd wegen

zu ben obgeſchribnen Convent von beʒ obgenanten Landgerichtswege zu Grayspach nimmermer haben noch gewinnen. Urkund beʒ briſs ben ich gib bem
obgenannten abt Ulrich vnb ſeinem Convent gemeinkklich zu Wilʒburk mit bes
Landgerichts zu Grayspach angehangten Jnſlgel datum Ao. Domi. Mo.
LXXXXVI. unb In die beati Othamari Abbatis."

In Graisbach war bis zum Jahr 1522 ber Siʒ bes kaiſerlichen Landgerichts ber Grafſchaft. Dieſe war 1345 an Herʒog Friedrich von Bayern Landshut
gekommen. Nach beſſen 1393 erfolgten Tobe hatte ſich Stephan III. von Bayern
Jnglſtabt ber Vormundſchaft über Friedrichs Sohn Heinrich angeeignet unb ſo mag
es kommen, baß ber Graisbacher Landrichter bieſen ſeinen Herrn nennt.

Es iſt nicht erſichtlich, welche Anſprüche von Seite bes Herʒogs unb beſſen
Gerichts bem Kloſter gegenüber erhoben worben waren. Um einen Zankapfel gegen
ein Kloſter ſelbſt von einem bürren Aſt zu brechen, war Stephan unb beſſen Sohn
Ludwig nicht in Verlegenheit.

Die höhere Gerichtsbarkeit im Biſthum Eichſtäbt ſtanb früher bem Grafen
von Hirſchberg zu, ſelbſt noch als Eichſtäbt ſchon ein Domkapitel hatte. Als nach
bem Tob bes leʒten Hirſchberg, Graf Gebhard 1129, beſſen Beſiʒungen an Eichſtäbt kamen, fiel bie Gerichtsbarkeit ober bas Landgericht zu Hirſchberg Bayern zu.

Die beiden Landgerichte zu Hirſchberg unb zu Graisbach handelten zu öfterm
bem Kloſter gegenüber ſogar gemeinſchaftlich, wie ſie ja auch ber Schenkungsurkunde
ber Catharina von Lenʒʒenau zu Weiſſenburg von 1377 ihre beiden Siegel ange-
hangen haben, obſchon bies ſchon mehr Akte ber Vertrauens waren.

Da Wülʒburg zur Diöceſe Eichſtäbt gehörte, ſo wirb vielleicht baher ber
Anſpruch abgeleitet; allein es ſtanb in weltlichen Sachen unter kayſerlichem Reichs-
ſchuʒ, ben bie Reichsvögte zu Weiſſenburg übten, unb als ſolche auch bie Burggrafen von Nürnberg.

Ober mag vielleicht Jakob ber Tanner, wie er in obiger Urkunde wohl
richtig genannt iſt, ein Angehöriger bes Herʒogs geweſen ſein?

Ein Otto Tanner war 1537 Fürſtbiſchof von Berchtesgaben.

Tanner kommen aber auch in Oberfranken als ein abliches Geſchlecht auf
Remersdorf vor; besgleichen an ber Ulſter, wo bie Familie Tann vom Stift Fulda
lehenweiſe Tann beſaß.

Es gibt eben ber Aebte Thann ober Tann gar viele. Tanner kommen ſelbſt in
Weiſſenburg vor, wie eine Urkunde von 1361 beʒeugt, nach ber eines Tannen Hof-
ſtatt Erwähnung geſchieht unb einer Tanners bei bem Steinhaus.

Halter in ſeiner Geſchichte Eichſtätts erʒählt:

„Am 3. Oktober 1684 ging ein Bartholome Tanner vom Kloſter Rebborf
nach Obereichſtelt, um bort Gottesbienſt zu halten. Auf bem Heimweg fiel

ihn ein Hirſch an, den Biſchof Marquard II. im Burggraben zu Eichſtätt gehal=
ten und der dort ausgebrochen war. Der Hirſch brachte dem Tanner 36
Wunden bei, an denen der Chorherr noch Abends ſtarb".

Nach der Chronik von Plankſtetten verglich ſich 1312 der Abt Hartung
mit einem Herrman Tanner wegen der gegen ihn erhobenen Klagen bezüglich der
Güter in Goſtenfeld.

Auch in der Urkunde von 1452 des Ulrich von Lenkersheim, Landkomthurs
zu Franken und Comthurs zu Ellingen, den Ausgleich zwiſchen dem Kloſter Wülz=
burg und der Stadt Weiſſenburg wegen Beraubung des Kloſters, iſt ein Wolf
Tanner Pfleger zu Arberg aufgeführt.

Was den Mord des Abtes Heinrich ſelbſt angeht, ſo mag es ſein, daß
der adelige Prior dem vielleicht nicht adeligen Abte um ſo weniger Gehorſam ſchuldig
zu ſein glaubte.

Im Jahr 1393 beſtätigte Pabſt Bonifacius IX. dem Abt Heinrich alle
Freiheiten und Begnadigungen, welche Päpſte und Könige, Fürſten und andere Ge=
treuen Chriſti, dem Kloſter verliehen haben und deſſen Beſitzungen an Grund
und Boden.

Ulrich von Jägenſtall, ſuccedirt in der Election Abt Heinrichen in der
Abtey zu Wülzburg, wird erwehlet nach ſeinem Abſterben 1395 in gegenwarth des
hochwürdigen und durchlauchtigſten Fürſten und Herrn, Herrn Friedrichen Biſchoffs
zu Eichſtätt, deſſen Geſchlecht ein Graf von Dettling und Burggraff Hanſen zu
Nürnberg, dieſer Abt hat viel Zankhs und unwillen müſſen erſtehen mit denen von
Weiſſenburg, von wegen daß ſie Schutzherrn wollten ſein, über Wülzburg, wiewohl
der Abt beßhalben umb fried und einigkeit bey Weiſſenburg offternahlen angeſucht,
ob ſie nichts mögen erlangen, Lezlich Er verurſacht, deßhalben bei König Ruprechten
anzuſuchen, der dann den Abt zu Heidenheim ſambt den Teutſchen Meiſter zu El=
lingen dazu verordnet, die Sachen zu vertragen, aber alles Bergebens, Nachmals hat
Sigismund, Römiſcher und Ungariſcher König, ſolches Burggraff Friedrichen von
Nürnberg nachmals im Concilio zu Coſtnitz, Markgraffen zu Brandenburg und
Churfürſten befohlen, aber auch nicht vor ſtatt wolte gehen, in Summa dieſer
fromme Abt hat viel Unruhe in ſeiner Regierung leiden müſſen, nicht allein denen
von Weiſſenburg, ſondern von andern Geſellen mit Nahmen Caspar Foerringer,
von der Freyenſtadt, der Oettlinger, ſo Herzog Stephan von Bayern zuſtanden,
der Erkh von Weiſſenburg, Ulrich Senfferholzer, Ebald von Holmſtein, gute
ehrloſe Burſch, die Ihme mit Verbrennung der Dörffer und Weyhler, ſo allent=
halben dem Stift zuſtanden, auch Wegtreibung des Biehs, der Pferdt, ſonderlich zu
Niederhoffen, zum Geſtatt, Beyerhardt und Hohenſtatt, groſſen Schaden zufügten.

Dieser Abt starb mit vielem Betrübniß, im Jahr Christi Gebuhrt 1419 als Er regiert hat in großer Unruhe 29 Jahr.

Hotter erzählt und seine Quelle ist wohl dießseits, als er von Sauersholz, auch Seydenholz, Saubertholz, Sigewuferholz genannt, einen Ort an der Eichstätt-Rothenbucherstrasse, spricht:

„Ulrich von Fügenstall, Abt zu Wülzburg (Witilosburg) 1395—1419, beklagt sich über Ulrich Seuffersholzer, auch Sauffersholzer genannt, und Ebold von Holnstein, die gar schlimme Gesellen gewesen, und ihm durch Verbrennung der Dörfer und Wegtreibung des Viehs großen Schaden zufügten. Mehr noch beschädigte Seuffersholzer das Kloster unter dem Abt Wilhelm 1419 bis 1449. Er brannte den Weiler Kehl nieder und heißt gemeinhin der Gottes-haus-Mordbrenner".

Pabst Bonifacius IX. bestätigte Ulrich im Jahr 1397 die Befugniß auf die Kirchen zu Weissenburg, Hausen und Wettelsheim.

Unter Ulrichs Regierung wurde 1399 eine Verbrüderung mit dem Abt Leonhard des Klosters Beyhenstein eingegangen. Später 1504 mit dem Kloster Heidenheim und 1508 mit dem Kloster Plankstetten, dessen erster Abt Rudolph von Hirschberg wegen Streitigkeiten sich zeitig, schon im Jahr 1130, in das Kloster Wülzburg zurückgezogen hatte.

Abt Ulrich tauschte 1406 das Pfarrrecht auf die Georgenkapelle zu Ellingen, die Rechte auf den Zehnten derselben, auf zwei andere Kleinzehnten und auf Gülten von dem deutschen Hause daselbst an Wolfram von Egloffstein, Commenthur und die Bruderschaft des deutschen Ordenshauses zu Ellingen gegen die Pfarrei St. Johannis zu Lenkersheim und einige Höfe in der Nähe von Weissenburg.

Wolfgang von Egloffstein war Pfleger der Ballei Franken. Ein Konrad von Egloffstein zur selben Zeit Deutschmeister, dessen Bruder Johann von Egloffstein Fürstbischof von Würzburg.

Obiger Tausch erhielt die in dem Tauschinstrumente vorbehaltene Bestätigung von Seite der Bischöffe von Eichstätt und Würzburg Friedrich und Johann, sowie die des Pabstes Innocentius.

Auch Kaiser Sigismund confirmirte den Tausch im Jahr 1415 zu Constanz mit Bezugnahme auf die guten Dienste, welche Abt Conrad ihm und dem Reich täglich leistet und noch leisten wird.

Als König Ruprecht in Folge einer Erbschaftsklage des Burggrafen zu Nürnberg den Markgrafen zu Meißen vor sein Hofgericht lud, beauftragte er den Abt Ulrich mit der Zustellung dieser Ladung an den Markgrafen.

Die Urkunde d. d. Mergentheim 30. Januar 1408 enthält bezüglich des Auftrags an den Abt folgendes:

3

„wir haben auch zu offenbarung dieser genwartigen unser königlichen Hei=
schung vnd ladung, dem Ersamen Ulrich Abt zu Wilceburg, unsern lieben
andechtigen mit unserm offen brief bevolen, vnd ernstlichen geboten, das er
sich dieselb heischung vnd ladung mit sie selbs Lybe verkünden vnd diesen
gewertigen kuniglichen ladbrief antworten, vnd uns auch des ein erkenntnusse
mit seinem offen versigelten brieff geben vnd schaffen solle, bii unserm hulden!"

Daß Abt Ulrich mit Burggraf Friedrich und dessen Gemahlin Elisabeth,
die schöne Else aus Bayern genannt, auf sehr gutem, ja vertraulichem Fuße gestan=
den, geht aus einer Urkunde d. d. Cabolzburg den 14. März 1410 hervor, nach
welcher Friedrich und Elisabeth geloben, das Kloster Wülzburg, welches ihnen von
seinen armen Leuten eine freiwillige Steuer von 400 Gulden gewährt, hinfort
nimmer zu besteuern.

Von den übrigen eigenen Leuten wurde der zehnte Pfennig erhoben.

Die Urkunde, welche die Mon. Zoll. enthalten, lautet wörtlich also:

„Wir Friedrich von gotes gnaden Burgrawe zu Nüremberg und wir Eli=
sabeth von denselben gnaden Burggrafyne zu Nüremberg sein eliche Gemal,
Bekennen und tun kund öffentlichen mit diesem Brief für uns all unser erben
und nachkommen allen den die Jn sehen oder hören lesen. Als wir im zu diesen
zeiten von eygen willen, durch unserr merklichen schulde wegen Jn den wir
sein, doch mit großem miswillen unser Herczen Ein Steuern, das ist den
zehnten pfennig von unserm Lande, lewten und untertanen fordern und ein=
nemende sein, haben wir unser lieb Andächtigen den Abte und Convent des
Closters Wülzburg uns drinnen zu staten kummen fleißiglchen gebeten. Also
haben sie angesehen sulche unser merkliche schulde, ernstliche bete und vor=
derunge und haben sich mit uns geeynigt und gesetzet Jn Stewers weyse von
Jren Armenleuten umb vierhundert Gulden uns zu geben, und wenn die
egenannten unser lieb Anbächtigen der Abte und Convent zu Wylzburg und
auch Jr Armelewte dieselben oder solche Stewer uns Jn cheinerley weis
schuldig sein zu geben von besunderer Begnadunge und freiheit wegen, mit
der sie recht und redlichen gefreyt sein von Bäbsten, kristenlichen Kaysern und
Römischen Königen. Darumbe so geloben und geheißen Wir bei unsern fürs=
stennlichen wirden, das wir selber, kein unser erben oder nachkommen chain
solche Stewer fürbas ewiglich fordern noch einnemen sullen, noch wollen von
den obgenannten Abt und Convent, Jren nachkommen und von allen Jren
unvogtbaren lewten vnd gütern Jn keinerley weise ongewerde. Mit Ur=
kunde diecz Briefs versigelt mit unsern anhengenden Jnsigeln, geben zu Cabolz=
burg, am freitage vor dem heiligen Palmtage. Nach Christi unseres Herrn
geburth vierzehnhundert Jare und darnach in dem zehenden Jare.

Original im königl. Bayr. Provincialarchiv zu Nürnberg mit anh. Wild-
mannssiegel Burggraf Friedrich und dem Alliance Siegel Elisabeths.“

Von Seite Weissenburgs ward Abt Ulrich als ein zank- und streitsüchtiger
Mann angesehen; allein er war dies entfernt nicht, sondern wehrte sich nur gegen
die von allen Seiten gegen sein Kloster hervortretenden Anfechtungen und Uebergriffe namentlich des Raths und der Bürgerschaft zu Weissenburg und der dortigen
Reichsvogte.

Schon unter Carl IV. war die Stadt Weissenburg an die Burggrafen von
Nürnberg Johann und Albrecht verpfändet, welche dem nun ihnen verbindlich
gewordenen Reichsvogt Wirich von Treuchtling untersagten, von dem Kloster außer
dem Haber 20 Pfd. Heller jährliche Abgabe, nemlich 10 Pfd. für Gastungen und
10 Pfd. für die Begünstigung des Beholzens, zu fordern, und er selbst sprach das
Kloster in einem Brief frei von der Bezahlung der 20 Pfd. an ihn.

Zu Nürnberg am St. Michaelstag 1414 bestätigte König Sigismund dem
Abt Ulrich alle von dem Kloster seither erworbenen Gnaden, Freiheiten und Rechte
in Anbetracht des ehrsamen Lebens und des löblichen Gottesdienstes von Seite des
Abts und Convents und gebietet allen und jeglichen Fürsten, geistlichen und welt-
lichen, Graven, freyen Rittern, Knechten, Landvögten, Vögten, Amtsleuten, Land-
richtern, Richtern, Bürgermeistern und Raten und allen andern seines und des
Reichs Unterthanen und Getreuen ernstlich und festiglich mit diesem Brief, Abt und
Convent an den vorgenannten Gnaden nicht hindern oder irren, sondern sie dabei
getreulich handhaben, schirmen und geruhlich belieben lassen bei seiner und des
Reichs Hulden und bei Verbüsung aller pene in den vorgenannten seiner Vorfaren
Briven begrifen ꝛc.

Abt Ulrich, der selbst auf der Synode zu Constanz sich befand, die bekannt-
lich von 1414—1418 währte, erhielt da für sich und die ihm folgenden Aebte von
dem Pabst Martin das Recht, die Dalmatica zu tragen, und bewirkte, daß Kaiser
Sigismund dem Burggrafen Friedrich I. den Schutz des Klosters Wülzburg besonders auftrug.

Friedrich wurde zur selben Zeit Markgraf und Churfürst von Brandenburg.

Die Dalmatika, ein vom Pabst verliehenes Ehrenzeichen, welches nur
hohen Geistlichen verliehen wurde, war vestis longa et candida, sine manicis,
purpureis clavis distincta.

Ein Erlaß des Kaisers Sigismund vom Jahr 1414 sagt:
„Der Abt Ulrich von Wülzburg habe beim Kaiser die Klage vorgebracht,
daß der Reichsvogt zu Weissenburg, der von des Kaisers Vorfahren im Reich
dem Kloster zum Beschützer gegen eine jährliche Abgabe von 10 Mut Haber

verordnet und beauftragt sei, ihr Kloster, ihre Leute und Güter getreulich zu beschirmen, aber nicht sie und die Jhrigen mit Steuern, Diensten und andern Beschwernissen zu bedrängen, sie nicht allein unbeschirmt lasse, sondern auch Gewalt und Bedrängnisse gegen sie anwende. So habe weiland Ulrich von Treuchtling, selig Reichsvogt zu Weissenburg, eines Tages mit freventlicher Gewalt des Klosters Dienstboten gefangen, Vieh weggenommen und 8—10 Stück davon geschlachtet. Konrad Marschalck von Pappenheim seelig, auch Reichs= vogt zu Weissenburg, habe durch seinen Sohn Wilhelm auf dem Weiler des Klosters, Namens Kehl, Kühe und anderes Vieh an der Stadtmauer von Weissenburg vorbei nach Pappenheim treiben lassen, 12 Stück davon geschlachtet und sich 40 Gulden geben lassen, um die übrigen zurückzugeben. Man habe die Einwohner von Weissenburg zu Hilfe gerufen; diese hätten aber dieselbe verweigert. In Weissenburg lebten noch zwei Bürger, Peter Reis und Hein= rich Hübner, welche es bezeugen könnten. Friedrich von Heydeck, seinerzeit Vogt zu Weissenburg, habe seine Diener nach des Klosters Zehenthof bei Weissenburg gesendet, daselbst Kammern, Schlüssel, Kästen, Stäbel und Schlösser aufbrechen, allerlei daraus entwenden lassen und alles vertrinken lassen.

Der jetzige Voigt von Weissenburg, Haupt von Pappenheim, habe dem Kloster und dessen armen Leuten zu Wettelsheim und Bubenheim das Vieh weggenommen und wohl 30 Stück davon geschlachtet. Die Weissenburger hätten dem Kloster 150 Tagewerk Wiesen, an dem Weissenburger Forst gelegen, weggenommen; durch sie habe das Kloster an seinen Gütern im Dorf Hohenstatt wohl 100 Gulden jährlich an ewiger Gült verloren. In dem Krieg der Städte mit dem Adel hätten die Weissenburger ein Haus des Klosters vor dem Thor zu Weissenburg niedergerissen, in dem Zehenthof des Klosters die Mauer abgebrochen und die Steine zu ihren Stadtmauern ver= wendet. Die Weissenburger hätten es als Recht und Gewohnheit so zu halten, daß, wenn ein Bürger Häuser, Wiesen oder Aecker, die er zu Lehen trage, verkaufen wolle, der Lehenherr die Güter um den Kaufpreis selbst an sich bringen könne; dennoch wollten sie das dem Abt und Convent bei den Lehen= gütern nicht gelten lassen. Die Weissenburger hätten auch den Abt und Convent genöthigt, die zum Gotteshaus gehörigen Häuser bauen zu lassen, und dann ohne des Abts und Convents Bewilligung eine Steuer darauf gelegt."

Der kaiserliche Brief schließt damit, daß der Kaiser dem Reichsvogt in Weissenburg das Schutzrecht über das Kloster abnimmt und es dem Abt und Con= vent überläßt, sich einen von des Burggrafen Friedrichs von Nürnberg Räthen und Dienern zu ihrem Beschützer zu wählen und wieder zu entlassen.

Der Kaiser hatte vor Erlaß seines Bescheids Erkundigungen über den Sachverhalt eingeholt und den wahren vermuthlich durch Burggraf Friedrich selbst erhalten.

In dem Kaiserlichen Bescheid kommt unter den Beschwerdepunkten auch der vor:

"Item so sprechen auch der Abt vnd sein Convent, das vor Zeiten als Herr Worswai zu den Zeiten unsers Bruders Wenzlaus in dem Land zu Franken Gewaltiger ware, da tragen bi von Weissenburg demselben Abt vnd sein Convent für denselben Worswai, wie das si an dem heiligen Römischen Reich prüchig waren worden, damit das si der herschaft des Burggravthums zu nürnberg zu beschirmen bevolen waren worden, darum derselbe Worswai das Kloster vnd sein arm Leute zu Wettelsheim, Hattenhof, Hohenstatt, nider=hoven vnd Keel mit nemung des Viehs mer den um zweitausend gulbein beschädigt, als den das den hochgeporn frieberichen Marggraven zu Branden=burg vnd Burggraven zu Nüremberg wol wissentlich sein solle."

Der Kaiser sagt auch, daß er dem Edeln N befolen habe, die genannten Beschwernisse zu erfaren, ob sie sich also zugetragen, und daß dieser hinterbracht habe, daß sie in Wahrheit bestunden, und er sie mit guter Kundschaft und Urkund beweisen könne.

Pabst Martin bestätigt dem Abt alle früheren Rechte und Besitzungen und ertheilt die Befugniß, allenfalls veräußerte Güter zurückzufordern vnd die darüber errichteten Verträge zu revociren unter Androhung des Unwillens des allmächtigen Gottes und der heiligen Apostel Peter und Paul gegen jeden Zuwiderhandelnden.

Wilhelm, Abt zu Wülzberg, wird erwählet am Abend Simonis Judae, des Apostel in gegenwart und Beysein Johann Bischoffs von Eichstett, und hat nachmals umb Catharina Confirmationem ex obiedenti von seinen Con=vents=Brüdern empfangen, dieser als Er ward eingesezt, fand er das Closter mit viel grossen Schulden und Schaden beladen, so seine Vorfahren gemacht hat=ten, sonderlich der Abt Morsbeck, auch viel Feindschaft, derhalben Er als ein ge=treuer Haushalter so viel Er mochte sich aus solchen mit abzahlen und vertragen, sonderlich mit denen Schnapphanen herausrisse, damit Sie das Closter und seine Unterthanen forthin nicht mehr also, mit Brand und Raubung der Pferdt und Viehs also plagten, wie sie bei seinen Vorfahren gethan hatten, den Zwietragt und Uneinigkeit, so lange Zeit mit denen von Weissenburg gewehrt hatte, bracht Er zu einem friedlichen End zu Rom, und gewahn seine Sach. Nochmals hat nach Anforderung an das Kloster Wülzburg ein Edelmann, der Lotterbeck genannt, Landrichter der Graffschaft Hirsberg, wegen einer Gerechtigkeit, nemlich daß das Closter alle Jahr in das Schloß Rotenfels müsse geben zwei paar Filzstiefel den

Wächtern, solches hetten sich seine Vorfahrer geweigert zu geben, sich deßhalben zurecht geboten, aber der Landrichter gewann die Sach, derhalben sich gemelter Abt auch mit Ihme vertrug, und Ihme eine Summe Geldes gab, und die Gerechtigkeiten forthin in ewigen Zeiten nicht mehr zu geben, abkauffet. unter seiner Regierung hat sich begeben im Jahr nach Christi Geburth 1422 daß sich ein Zankh und Unwill hat zugetragen, und erhebt, zwischen Markgraff Friedrichen von Brandenburg sambt seinen anhengenden Fürsten eines Theils und zwischen Hertzog Ludwig von Ingolstatt die Clöster allenthalben, so Ihme gleich nicht zuständen, wollte beschweren mit Gerechtigkeit des Jagens und Waydtwerks, hundhaltens, auch offenstehen der Cloester, welches denn die Fürsten nicht leiden wollten, derselben gemelter Fürst und hertzog auszoge, fiel dem Marggraffen in sein Landt, griffen einander an bei Dornhausen, den dorff, nicht weit von Gunzenhausen den Stettlein gelegen, alba heftig einander schlugen und mit Rauben und Branden einander Grossen Schaden zufügten in diesen Krieg nahme das Closter Wülzberg Ludwigs Kriegsvollh, durch Wettelsheim ein groß dorff, dem Closter zustaendig, an der Altmühl liegendt. müssen ziehen, und aber die Bauern deß dorffs, als Marggräffische solches nicht wollten gestatten, sondern Ihrer etliche Tot schlugen, derhalben solches für den Herzog kommen, welcher erzürnet und ergrimmet und besahl alles Tod zu schlagen und ließ das dorff in Grund abbrennen bis auff fünf first, Er schicket auch Rauben und Brennen anß allenthalben ins Marggraffen Landt. so man die Böckh nennet, die theten den Leuten Grossen Schaden, alßo daß sich niemant auff dem Feldt, solches zubanen, sehen lassen, theten dem Abt großen Schaden, verbrannten Ihm viel doerffer, als Waimersheim, Niederhoffen, Obernhohenstatt, Dettenheim, Bubenheim, Hardt, Hettenhofen, Pairhart, Item Ulrich seuftersholzer, deß Gotthauß Mordtbrenner, brennt Köhl unterm Berg gar ab, Lezlich wurde Herzog Ludwig von seinen unbilligen schaendlichen Kriegs wegen vom Kayser Sigmundt in die acht erkannt, derhalben er umb Gnad Bitten mußte, und den Kayser eine grosse Summe Geldts geben und nachlassen so er Ihme hiervor geliehen hatte, für sein unzucht, dann Er gar ein unbilliger Bayer war, mit deme auch sein andere Freundschafft nicht konnt auskommen.

Also die Aufzeichnung des Katalogs;

Schon 1305 hat Graf Gebhard von Hirschberg das Landrichteramt zu Hirschberg an Bayern letztwillig abgetreten. Lotterbeck muß sonach ein bayerischer oder kaiserlicher Landrichter gewesen sein.

In der Chronik des Klosters Plankstetten, namentlich in dem Stiftungsbrief von 1129, sind viele Adelsfamilien genannt, die längst erloschen. Unter andern ein Helmbroth von Lutebach oder Lutenbach. Ein Ulrich von Luttenbach erscheint als Zeuge in einer Schenkungsurkunde vom Jahr 1151. Sollte das nicht die Familie des oben genannten Lotterbeck, des Landrichters auf Hirschberg, sein? Für die Endsylbe „bach" kommt häufig „beck", wie bei Morspach, ja auch Morspek — also Lutterbeck — Lotterbeck.

Von dem Bischof Albert zu Eichstädt wird erzählt, daß er 1350 einen Streit der Wildensteiner gegen den Abt Heinrich IV. von Plankstetten „wegen Pelzstiefeln" geschlichtet habe. Es mag sich damit ebenso wie mit der angesprochenen Leistung von Filzstiefeln bei Wülzburg verhalten haben. Es muß solche eine in der Gegend gebräuchliche Recognition gewesen sein.

In dem Krieg vom Jahre 1422 blieben von den Städten die Städte Nürnberg und Weissenburg neutral.

Im Jahre 1424 ist zwischen dem Abt des Klosters Wülzburg Wilhelm und seinem Convent eines Theils und der Gemeine der Stadt Weissenburg andern Seits ein gültiger Vertrag aufgerichtet worden, welchergestalten:

1. die Lehenschaften der zwei Kaplaneien und Pfründten den Händen und Gewalt gedachter Bürger und Räthe gemeiner Stadt Weissenburg verbleiben sollen, und zwar dergestalt, daß sie nach ihrem Gefallen einen Caplan und Altaristen benominiren mögen salvo tamen patronatus jure; —

2. die Bevestigung der Stadt mit Graeben, Gemäuer ꝛc. an dem Weiher oder See von dem Abt und dessen Convent unangefochten bleiben solle, selbige auch kein Praetension darauf machen oder etwas dagegen in den Weg legen wollen; —

3. der Abt und das Convent der gemeinen Stadt nach ihren Gesetzen und Gewohnheiten die gebührliche halbe und ganze Steuer von ihren steuerbaren Gütern in der Stadt und derselben Markung redlich zu entrichten gehalten sein sollen.

Unter diesem Abt wurde der Tausch über die Pfarrei zu Ellingen und Lenkersheim des Abtes Ulrich mit dem Wolfram von Egloffstein durch Markgraf Friedrich zu Brandenburg mittelst einer Richtung neu bestättigt und befestigt. Die Urkunde hierüber wurde Mittwoch an St. Dionystag 1426 errichtet.

Abt Wilhelm hatte neuerdings harte Späne mit Weissenburg klein zu machen, die aber auch dahin ausgefochten wurden, daß 1427 der Rath der Stadt Weissenburg beurkundeten, dem Abt und Convent in ihren Rechten bezüglich des Klösterleins, Spitals, Zehenthofes ander Güter Zinse und Zugehörung und Rechten, die in Stadt und Markt gelegen, ungestört zu belassen, und den großen und kleinen Zehenten fort von Aeckern, Wiesen, Gärten, Hofraiten auch von dem Vieh zu geben.

Endlich erwirkte Wilhelm eine Bulle des Pabstes Eugenius IV. im Jahr 1435, durch welche dieser dem Kloster alle Freiheiten und Immunitäten, Privilegien und Indulgenzen, welche frühere Päbste verliehen, so wie alle Freiheiten und Exemtionen, welche Könige und Fürsten und andere Christen dem Kloster gegeben, neu bestättigt.

Johannes Castner ward erwehlet zu einem Abt zu Wülzburg A. 1449 verwaß das Closter mit guter loeblicher Regierung 26 Jahr. Er starb Ao. 1475 im Monat Februar am St. Apolonias Tag, liegt begraben im Chor des Klosters, sein Grabstein stehet auffgemauert im Thor, als mann in die Sacristoi gehet, auff der rechten Handt.

Unter Abt Johann wurde das Kloster von den Bürgern Weissenburgs unter Anführung Tristram Sonners, Jacob Gramlingers genannt Jordan, und eines andern Namens Ellinger abgebrannt, und dabei der Kirchenornat, und briefliche Urkunden, deren Letztere man zwar nachhero einen Theil restituiret, mit hinweggenommen, worüber die Thäter sub d. Eystet dio 2 mensis Septbr. 1451 in den Bann geriethen. Abschrift des Exkommunikationsbriefes des Bischofs Johansen von Eichstett wider die Einwohner der Stadt Weissenburg und deren Complices, so das Kloster Wülzburg beraubt, de Ao. 1451 liegt bei den schon öfters angezogenen Akten des Dekanats Weissenburg und fehlt auf diese Weise der von einigen Geschichtschreibern vermißte urkundliche Beweis dieses Vorgangs nicht.

Der zwischen dem Abt und dem Rath der Stadt Weissenburg unter Leitung des Landcommenthurs Ulrich von Lentersheim zu Ellingen im Jahr 1452 zu Stande gekommene Vergleich bestimmte, daß die Weissenburger sollen wiederhergeben alle Glocken, Kelch, ornat, Bücher und anderes, welches zu dem Gotteshaus Wülzburg gehört, sodane auf zwei Fristen innerhalb zwei Jahren zu bezalen vierhundert guter rheinischer Gulden zu einer Zymmersteuer. Der Abt soll den Herrn Bischof zu Eichstett bitten, die Weissenburger aus dem Banne zu thun.

Dieser Verhandlung haben beigewohnt von Seite Wülzburgs der Abt und die Conventualen Linhard Goldschmidt und Jörg Pürk, von Seite Weissenburgs dessen Bürgermeister Hans Jordan, von Seite des Gerichts neben dem von Lentersheim, die geistlichen Herren Curatoren Poch Kompthur, Karel Truchses, Trißler, Matthias von Mersheim Oberreiter, alle drey zu Ellingen deutschordens, dann Sigmund zu Lentersheim Ritter, Wolff Tanner Pfleger zu arsperg, Seiz von Hausen zu Peringen, Dyeterich Beyersdorfer Pfleger zu Prunech, Wilhelm Schenk der Eltere zu Geyern, Heinz Schent Pfleger zu Landegk, dann Hans Herlein, Jorg Pfranger, beibe Bürger zu Eystett, Ulrich Habermeier zu Redorff.

Eine Bulle Pabst Nicolaus V. begnadigt den Abt Johann, sein Kloster, das sonst 15—20 Priester hatte und jetzt kaum 2—3, Mönche selbst andern Ordens aufzunehmen bis die Stiftungszahl wieder erreicht sei. Diese Bulle ist vom Jahr 1453.

Eben so ertheilte ihm Kaiser Friedrich d. d. Neustadt 1455 die Bestättigung aller Begnadigungen 2c. der frühern Kaiser und Könige des römischen Reichs.

Dem Abt Johann blieb nicht versagt, sich wieder einmal mit Weissenburg zu messen wegen des Spitals und Klösterleins zu Weissenburg und wegen des dazu gehörigen Zehntens. Es hatten deßhalb Klagen und Verhandlungen vor dem Bischof und im Chor zu Eichstett stattgefunden, später sogar zu Mainz. Diese wurden geschlichtet durch Schiedrichter Cunrat Herr zu Heldeck und Hans von Selkenborff. Aberbar genannt zu Meren nach Red und Gegenred laut Urkunde freitag aller Heiligen Abend 1505 dahin,

1. die Klagen zu Eistetten und Mainz sollten aufhören;

2. Abt und Convent zu Wülzburg sollten an Weissenburg wegen des Spitals und Klösterleins in ihren beschriebenen Rechten ferner nicht gekränkt werden;

3. der große Zehent in Stadt und Margk Weissenburg an Getreid, Korn, Dünkel, Weizen, an Kern, Gerste, Habern, rauhen Getreid, Hirs, Tattel, Honiges, kraut solle dem Kloster nach herkommen verbleiben;

4. aller übrige Zehent, namentlich der kleine Zehent, solle von Weissenburg eingenommen werden;

5. an allem Zehenten zu Margk, Stabeln, Smalwiesen zu Hagenbuchs und außerhalb Weissenburger Margk, grossen und kleinen, daran sollen die Weissenburger Abt und Convent fürder nicht irren;

6. bei dem frühern Vergleich wegen des Pruels und Bleich und daß dafür jährlich Weissenburg sieben Pfund zu zalen habe, habe es sein Verbleiben; und soll wenn ein Acker zur Wiese umgewandelt werde vom Tagwerk siebzehn Pfennige jährlich bezalt, oder wenn eine Wiese zu Acker gemacht werde, soll der Zehent von jedem Getraid dem Kloster werden;

7. sollte ein Espan zum Acker werden, soll wieder dem Abt und Convent der große Zehent darauf zustehen, der kleine aber Weissenburg;

8. sollten Espan zur Wiese werden, hätte das Kloster darauf keinen Anspruch, doch aber den Zehnten haben, wenn er zum Weinberg umgewandelt werde;

9. das Kloster brauche auf dem Zehenthof ferner nicht Ochsen und steigende Stierre zu halten, dagegen die drei da vorhandenen, Weissenburg zur beliebigen Verfügung zufallen;

10. für den kleinen Zehent habe Weissenburg jährlich dreißig Gulden rhn. zu geben, und zwar immer an St. Martini Tag, dagegen das Gotteshaus auf jeden Anspruch auf den kleinen Zehent für alle Zeiten zu verzichten.

Der Abt erwirkte weiter die Verordnung Pabst Calixtus vom Jahr 1456, und ebenso die Bestättigung des Pabstes Paulus II. vom Jahr 1468 über alle von früheren Päbsten ertheilten Freiheiten und Immunitäten.

Abt Johann mußte auch noch einen Rechtsstreit zwischen Conrad Pell=
meyer, Peter Hagenacker und dem Müller der Lehenwiesen, Weissenburger Bürger,
wegen des Zehent zur St. Andreaskirche führen. Diese behaupteten nemlich, daß
ihre Wiesen, die genannt „in der Bewiesen und neben der Bleich" auch die Wiesen,
die zu der Mühle gehörten, von dem Zehnten frei seien.

Die seltsame Begründung für diese angebliche Freiheit war die:

„die St. Georgienkirche habe schon vor der St. Andreaskirche, obwohl diese
die Hauptkirche, bestanden. Zu jener seien fragliche Wiesen zehentbar gewesen.
Als aber Karl der Große in Weissenburg sich aufgehalten, hätten Ritter,
Rittermässige und Knechte, welche ihm dienten, diese Wiesen im Besitz gehabt.
Kaiser Karl, der vom Pabst mit dem Zehnten schon von seinen Vorfahren
her belehnt gewesen, habe nun solchen seinen Dienern erlassen, weßhalb sie
zehentfrei seien."

Abt Johann behielt aber Recht, nachdem jene Behauptungen lediglich auf
„Hörensagen" fußten.

In seine Zeit fällt eine Urkunde vom 5. August 1459, welche das ger=
manische Museum zu Nürnberg aufbewahrt, folgenden Inhalts:

„Agneß Jans von Sebliecz sel. Wittwe geborne von Neckenbergk bekennt, daß
sie mit freiem Willen ihrem Sohne Cunratn von Windsbergk zu Sibergk volle
Gewalt giebt, ihr Leibgeding, welches sie von dem würdigen Gotteshaus zu
Wilzburk, Benedicti Ordens im Bisthum Ay[st]et zu beziehen hat, und das in
20 rheinischen Gulden besteht, von dem Abt und den Conventsbrüdern daselbst
einzunehmen, und zwar in zwei Terminen, nemlich Wallburgis Tag 10 Gulden
und ebenso viel an Michaelis Tag. Derselbe soll befugt sein, dieses Leib=
geding in seinen Nutzen zu verwenden, und von ihretwegen darüber zu quit=
tiren. Sie verzichtet für immer auf dieses Leibgeding und erkennt die von ihrem
benannten Sohne dem Abt und Convent ausgestellten Quittungen an.

Sie besiegelt diese Urkunde mit ihrem eigenen Insiegel und erbittet den
den edlen und festen Sigmunde den Seyberstorffer zu Rittersswerdt als ihren
guten Freund sein Siegel neben das ihrige zu hängen.

Zeugen der Bitte um das Insiegel sind gewesen: die ehrsamen Hanns
Erling, wohuhaft zu Geysenfeldt, und Cunrat Haeckel, Bürger zu Geysenfeldt."

Wilhelm Warnhoffer succedirte Ihme nachmals in der Regierung, ein
frommer gottesfurchtiger Mann, und Batter, hat Viel gebauet, am Closter, in der
Kirchen, sambt andern Orthen, alß unten in Weissenburg im Clösterlein, die zer=
fallene Kirch wieder uffgebauet, ist von der Herrschaft Brandenburg lieb und werth
gehalten worden, dann Er ein getreuer Haushalter seines Gotteshauses gewesen ist,
hat ganz friedlich und wohl Regieret 20 Jahr und 20 Wochen, starb nach Christl

Geburth 1494. Ligt bei den Glocken Thüren unten in der Kirchen begraben, neben Johann Maennlein, Canonico zu Wülzberg gewesenen Pfarrer zu Onolzbach so Ao. 1436 ist gestorben.

Dem Abt Wilhelm gegenüber ging der Abt zu Fulda Johannes unterm 10. Mai 1480 eine Verbrüderung beider Klöster nach allen Rechten des Benedictiner-Ordens für dießseits und jenseits ein.

Von diesem Abt haben die von Lentersheim im Jahr 1483 die Hofstatt des Klosters Wülzburg zu Berolzheim gekauft.

Michael Hellinger, Ao. Domini 1495 nach Abt Wilhelms Absterben zu einem Abt zue Wülzburg erwehlet, war ein frommer gelehrter Mann, hat das Closter Regiert 15 Jahr, starb Ao. 1510 an St. Cyriaci Tag des Maerders, ligt in St. Annen Capellen begraben, in welcher Capellen, die von Haußen zu Bergen wohnend, Ihr Begräbniß haben gehabt. Ao. 1491 am Tag Inventionis crucis starb der Edel Herr Wilhelm von Haußen zu Bergen.

Maximilian als Römischer König bestätigte d. d. Augsburg den 14. Mai 1496 auf Bitten des Abts und Convents mit Rücksicht auf die gute geistliche Ordnung des Klosters, demselben alle Begnadigungen, Freiheiten, Rechte, Briefe, Privilegien und Begabungen der frühern Kaiser und Könige und sonstiger Fürsten.

Dasselbe geschieht von dem Pabst Alexander VI. im Jahr 1499.

Während des Regiments Abt Michaels schenkten 1502 die Holzinger bei dem Erlöschen ihres Mannsstammes ihre Burg dem Kloster, das solche aber aus Mitleiden der armen Schwester zurückerstattete, welche sie dann 1531 dem Markgrafen überließ.

Unter diesem Abt mußten das Kloster und dessen Güter durch den sogenannten bayrischen Krieg um das Jahr 1504 viel leiden.

Abt Michael erneuerte mit dem Abt Christoph von Heidenheim die Verbrüderung, welche früher die Aebte Conrad von Wülzburg und Ubalricus von Heidenheim für beide Klöster abgeschlossen hatten.

Ende des 14. Jahrhunderts hatte auch Weissenburg wieder seine alten Feindseligkeiten gegen das Kloster geübt. Im Jahre 1500 legte sich Markgraf Friedrich von Ansbach ins Mittel und stiftete einen Vergleich zwischen beiden Theilen.

Der Abt soll den 7 Gütern der Weissenburger zu Hohenstatt Bau- und Brennholz geben; die Weissenburger sollen keine Steuern von des Abts Gütern in ihrer Stadt fordern; die Stadt soll im Besitz des von dem Kloster vormals erkauften Kleinzehntens von Weissenburg verbleiben; der Inhaber des klösterlichen Zehenthofes soll sein Vieh auf die Aecker der Weissenburger treiben dürfen, und die Weissenburger auf die Aecker des Zehenthofes; die Weissenburger sollen die Wiesen behalten, wovon sie vormals jährlich an das Kloster 10 U. Heller weniger 7 Pfennige bezalt haben und die Zahlung jährlich leisten; dieselben sollen ihren Mitbürger Merk vermögen, daß er seine Bauern in Trummezheim keinen andern als den Abt als ihren Schutzherrn anerkennen lasse; die bisherigen Beweise von Unnachbarlichkeit sollen künftig von beiden Seiten unterbleiben, auch das wechselseitige Pfänden des Viehs.

Veit von Gebsattel, von Adel, folgt nach Abt Michaeln, der Letzte Abt von Wülzberg, ward erwehlet Ao. 1510 ein frommer einfältiger Mann, nicht langer Persohn, Er stand dem Closter für mit Regierung 14 Jahr, unter seiner Gubernation begab sich, daß das Closter Wülzberg auß Bewilligung des Papsts und seiner Cardinal würde verändert in ein Probstey Asmonachis veris in canonicos seculares, solches erlangten sie durch ihren Convents Bruder Bernhart Schwarzen (ein seltzamer wunderlicher Mann is gewesen sein Tag), welchen sie deßhalben zwei mal zu Rom hetten, bis es bewilligt wurde. deßhalben gemeldter Veit der Herrschaft die Abtey resigniret und übergab Ao. Domini 1524 in die Corporis Christi. dagegen wurde Ihm eine Jährliche Competenz, nemblich 350 Gulden gemacht, von dem Closter, dieselben sein Lebenlang, so lang Ihm Gott das Leben vergünnet, zu genüssen, welches Er nachmals zu Berolzheim, ein dorff an der Altmühl gelegen, Lezlich zu Zellingen im Landt Frankhen, seinen Freunden Verzehret, und zu Berolzheim sein Leben endet.

Dem Schreiber des Katalogs scheint hier mit der Bezeichnung „Berolzheim an der Altmühle" ein kleiner Irrthum unterlaufen zu sein. Es ist wohl Berolzheim bei Windsheim, wohin Veit von Gebsattel sich zurückgezogen. Die von Gebsattel gehörten zu dem benachbarten Adel dieser Stadt, wie die von Seckendorf, Berlichingen, und wohnten häufig in ihr. Das „bei seinen Freunden" läßt daher auf dieses Berolzheim bei Windsheim schließen.

Die von dem Abt Veit von Gebsattel ausgestellten Quittungen, wie sie noch vorhanden sind, gebrauchen das „Wir von Gottes Gnaden ꝛc. ꝛc." Dasselbe findet sich schon bei einer Urkunde vom Jahr 1329, welche auch beginnt: „Wir Chunrat von Gottes Gnaden Abt zu Wilzburg ꝛc. ꝛc." In einer Urkunde von 1404 ist der Abt Ulrich von Jugenstall sogar „Fürst" titulirt. Er ist auch so zu sagen der Fürst unter den Aebten des Klosters.

Veit von Gebsattel löste vom Kloster eine Verpflichtung ab, jährlich dem jedesmaligen Besitzer des Schlosses Mehren (Möhren) ein Paar Filzschuhe abzuliefern. Hans von Seckendorf Aberdar, Ritterhauptmann ꝛc. ꝛc., stellte als Käufer jenes Schlosses am Donnerstag nach visitationis Mariä 1515 einen Revers über diese Ablösung aus.

Wofür dieses Reichniß zu geben, ist aus diesen Urkunden nicht zu ersehen. Es mag dieselbe Ursache haben, als die Lieferung von Filzstiefeln nach Schloß

Rothenfels, welche schon früher abgelöst wurde. Wahrscheinlich ist es ein Anerkenntniß für eine dem Kloster gemachte Schenkung oder Gerechtsame, die lehenweise überlassen wurde.

Abt Veit ging ebenfalls eine Verbrüderung mit dem Kloster zu Piburg, dessen Abt Leonhard benannt ist, ein. Die Urkunde von 1520 findet sich bei Jung. Dasselbe war 1508 mit dem Kloster Plankstetten unter dessen Abt Matthäus geschehen, so daß Veit von Gebsattel schon 1508 Abt von Wülzburg gewesen sein muß, und nicht erst 1510 als solcher erwählet worden sein kann.

Ueber die Umänderung der Abtei in eine Probstei bringt Nehr folgendes Nähere:

„Von dem Anfang des 16. Jahrhunderts findet man die Markgrafen von Ansbach von dem Abt und Convent in Wülzburg als Schutzherrn anerkannt, daher sucht der Abt Veit von Gebsattel und sein Convent 1523 zur Ausführung ihres Planes, aus ihrer Abtei eine Probstei mit 8 Kanonikern und 4 Bikarien zu machen, die Einwilligung der beiden Markgrafen Kasimir und Georg und deren Verwendung beim Pabst nach."

„Der Schutzherr soll berechtigt sein, den Probst und zwei Chorherren zu ernennen; der Probst soll ein Kanonikat und die 5 Pfarreien: Weissenburg, Wettelsheim, Salach, Hättingen und Lenkersheim zu vergeben haben; der Dechant und Kapitel soll die Besetzung von 4 Kanonikaten, 4 Bikariaten, der Pfarre Weihboldhausen, der St. Katharina-Pfründt in Weissenburg, der Stellen eines Dechants, Kantors, Küsters und Kirchners vorbehalten sein; es ist ein Stiftsamtmann bestellt worden, der alle Einnahmen verrechne."

Diesen Plan genehmigten die gemeinschaftlich regierenden Markgrafen und setzten fest, was von dem Klostereinkommen Jedem zu Theil werden sollte, mit dem Bemerken, daß es dabei sein Bewenden habe, es möge des Pabstes Genehmigung erfolgen oder nicht. Eine Sprache, welche schon den reformatorischen Geist jener Zeit bezeichnet.

Als Veit von Gebsattel 1524 seiner Würde zu Gunsten des jüngeren Bruders der beiden Markgrafen, Gumbrechts, der schon Probst zu Ansbach und Würzburg und Dechant zu Mainz war, gegen einen jährlichen Ruhegehalt von 400 fl. entsagen wollte, genehmigten sie auch dieses. Dabei vernachläßigten sie doch nicht die Vorsicht, sich und ihren Nachkommen das Schutzrecht über das Kloster durch einen kaiserlichen Brief bestätigen zu lassen.

Kaiser Karl V. ertheilte ihnen denselben im Jahr 1525.

Der Pabst Clemens genehmigte ohne Schwierigkeit (doch wohl nicht, da Schwarz zweimal deshalb nach Rom reisen mußte), sowohl die Verwandlung des Benediktiner-Klosters in eine Probstey, als auch 1531, da Markgraf Georg seinem

Bruder Friederich, Domprobst zu Würzburg, die wiedererlebigte Probstey übertrug, diese Wahl.

Es war die letzte Genehmigung, welche in Rom nachgesucht wurde; denn die Abänderung des Kirchenwesens, welche Markgraf Georg, da sein Bruder Kasimir bereits gestorben war, mit Rath und Bewilligung seiner in Ansbach versammelten Landstände und Geistlichen in seinem ganzen Lande einführte, hoben auch die alten Gottesdienstformen in den Klöstern des Landes auf.

Wer diesen anhing, durfte ohne Bedenken das Kloster verlassen. Neue Mitglieder aufzunehmen, war als eine ganz unnöthige Sache untersagt. Freier Wille und der Tod verminderten die Zahl der Bewohner des Klosters Wülzburg so sehr, daß es 1540 sekularisirt und sein Einkommen zur Errichtung von Schulen und Kirchenstellen verwendet werden konnte.

Die Original-Verschreibung Veit, Abts, Bernhard Schwarz, Priors, Georg Hoffmann cantoris und des ganzen Convent des Klosters, den mit beyden Herren Markgraffen Casimir und Georg von Brandenburg errichteten Vertrag wegen Auswirkung einer Päbstlichen Dispensation zu Verwandlung der dasigen Abtei in eine fürstl. Probstey, und deren Einrichtungen an Personen und Prebenden stet, vest, unverbrochen und unwiderruflich zu halten d. d. Wülzburg den 20. Oktober Ao. 1523, deren auch Jung S. 185 erwähnt, befindet sich im Original in dem kgl. Staatsarchiv zu Nürnberg.

An dieser Pergament-Urkunde befinden sich zwei wohlerhaltene Wachssiegel.

Das eine längliche in rothes Wachs gedrückt, ist das Abtssiegel und enthält eine thurmartig gebaute Sella in gothischem Styl, in welcher der Abt sitzt.

Die Umschrift ist:

Sigillum viti de Gebsattel abbatis monastorii in Wilzburg

und unten am Siegel ist als Abzeichen das Gebsattel'sche Familienwappen „ein Steinbock" angebracht.

Das andere runde in grünes Wachs gedrückt, ist das Conventssiegel und enthält in der Mitte den heiligen Petrus, den Patron des Klosters, in der rechten Hand ein Buch, in der linken einen Schlüssel haltend.

Die Umschrift lautet:

Sigillum conventus de Wilzeburck.

Die Urkunde über die Abdankung des Abtes Veit vom 24. Mai 1524 sowie die des Kaiser Karl V. d. d. Madrid den 18. März 1525 finden sich bei Jung l. c. S. 205 und 209.

Im Archiv der Stadt Weissenburg liegt eine Urkunde d. d. Wilzburg am Montag nach dem Montag exaudi 1496, eine Quittung über 50 fl., welche Abt Michael, sowie der Convent des Klosters dem Bürgermeister und Rath zu Weissenburg ausstellen. Die 50 fl. sind eine Abschlagszahlung an 300 fl., welche das Kloster den ältern Regenten der Stadt vorgeliehen hatten.

Unter dieser Urkunde sind zwei Siegel auf Papier.

Das eine ist das Conventssiegel mit dem heiligen Petrus zwischen zwei Rosen, wie es auch die Nürnberger Urkunde aufweist; das andere ist ein Abtssiegel.

Der Abt mit dem Abtsstab in der linken Hand und ein Buch in der rechten.

Zwei andere Urkunden zu Weissenburg sind Quittungen des Abtes Veit von Gebsattel aus den Jahren 1515 und 1516 über 30 fl. Zins für den kleinen Zehnten, welche Bürgermeister und Rath je Freitag nach Martini Tag gezahlt haben.

Sie sind mit dem Siegel des Abtes Veit auf Papier versehen. Es ist dasselbe Siegel, welches auch in Wachs vorhanden. Es enthält den Abt, der in der rechten Hand den Stab und in der linken ein Buch hält. Um den Abt läuft ein Band, auf welchem dessen Namen zu lesen. Auch der Steinbock ist unten in einem kleinen Schild angefügt.

Auf dem Bande steht:

S. Veit de Gebsattel abbatis in Wilspurg.

Ein zweites Wachssiegel, das sich in Weissenburg vorfindet, ist das der Urkunde 1496 auf Papier beigedrückte. Name und Umschrift lassen sich nicht mehr entziffern.

Stieber sagt: Das Wappen des Closters bestunde ehehin in einem mit einer Abtsmütze bedeckten Schild und einem in solchem mit blauem Feld, in Form eines Andreas=Creuz übereinandergelegten silbernen Schlüssel und Schwert, dann einem mitten darauf gelegten goldenen Abtsstab.

Siegel und Wappen sind sonach verschieden gewesen. Schlüssel und Schwert im Wappen haben Bezug auf die beiden Apostel Peter und Paul.

Am 1. Oktober 1725 schickte der Rath der Stadt Weissenburg Zeichnungen über die alten Insignia der vorigen Aebte und des Convents zu Wülzburg nach Ansbach, um damit darzuthun, daß das Stift wegen seines angeblichen Alterthums und herausgestrichenen Saalbuchs dem Abt mit Unrecht ein bloßes Schwert beilege. Es wurden damals auch Abbildungen zweier in pergamentnen Urkunden unversehrt gefundenen Wappen von Ao. 1400 und 1500 mit vorgelegt.

Sollte die Berufung auf das entblößte Schwert von Seite des Stifts mit Bezug auf das von Stieber angeführte Wappen erfolgt sein? Die versuchte Gegenprobe mit den Siegeln läßt darauf schließen.

Marquard von 1636—1685 Fürstbischof in Eichstätt war der erste dort, welcher das Schwert in sein Wappen aufnahm.

Das leider nur theilweise in Abschrift anliegende Saalbuch enthält Fol. 20 unter der Aufschrift:

Fronfest

Nota

das Stift Wülzburg hat zwo fronfesten, als zu Wülzburg und Wettelsheim, davon alle ungehorsame Unterthan, Item auch die wie vorgemelt Ime malleßz-sachen bis zum fraisch herrn, erobert, oder sonst mutwilliger Weiß befunden Eingezogen werden, doch ist die zu Wettelsheim etwas leichter benn zu Wülzburg Ursachen, daß berer Ort nur ein Stock, aber zu Jetzgemelter Wülzburg Stock und gefangnussen rc. rc.

Oberhohenstadt.

In diesem Dorff hat das Stift alle hohe und niedrige Obrigkeit und so-weit das sich zu dorff und selbt mit seiner Markung erstreckt, außerhalb der fraisch, die von mittel gen Flügling oder Gunzenhaussen gehört — und ist Inn solchem Dorff der Kirchtag Schutz auch gemelts Stiffts, welch off Sonn-tag nach Laurentii gehalten, und durch desselben verordnete Diener beschützt wurde rc. rc.,

dergl. Fol. 107:

Niederhofen

dem Stifft Wülzburg mit allen hohen vnnd niedrigen Obrigkeiten rc. geen an das Wülzburgisch gericht rc. vnnd ob sich ein Ufflauff, Schlagen oder anderst darin auch in desselben Ackern zu tragen wurt, gehört es von Mittel Inn Stifft zu verbuessen, doch die fraisch hinden gesetzt, welche gen Flügling oder Gunzenhause gehörig,

so wie auch fol. 89.

Keel

rc. vnd sich Ime solchem Weiler auch Außen herum ein Unwill oder Schlagen zuträgt, gehört es vermittel gemelten Stifft zu.

Außerhalb der fraischlich Obrigkeit gehört zum Flügling oder Gunzen-hausen."

Daß das Kloster schon bald seinen eigenen Richter hatte, erhellet aus einem Schreiben der Fürstl. Brandenburg. Statthalter und Räthe im Hause zu Schwabach am Montag nach dem Sonntag Trinitatis Ao 1502, in welchem Bür-germeister und Rath zu Weissenburg aus Anlaß eines Schreibens des Abtes Michel zu Wülzburg an Markgrafen Friedrich und Stellvertreter Markgrafen Casimir ersucht wird, zwei Inhaftirte, genannt Preller und Prellerin, dem Richter zu Wülz-burg auszuliefern, und von diesem das gestrenge Recht wider sie ergehen zu lassen.

Auch das Asylrecht des sogenannten Klösterleins zu Weissenburg wurde 1541 geltend gemacht, als es sich um Verabfolgung des Mörders Uzbronners aus dem Klösterlein handelte und solche Ansbacher'scher seits hauptsächlich ex praetenso jure asyli benegirt wurde.

Das Kloster Wülzburg hatte sich als ein Kloster des Benedictiner=Ordens von der Aufsicht des Bischofs zu Eichstädt nicht frei gemacht und solcher war bei den Abtswahlen zugegen und übte Disciplin, wie nach der Ermordung des Abtes Heinrich 1278 ersichtlich. Mit der Zeit aber und in Folge, daß Abt Peregrinus die Inful erhielt, übten die Aebte von Wülzburg an den zu dem Kloster gehörigen Pfarreien zu Wettelsheim, Weyboldshausen, Höttingen ꝛc., wie jeder Bischof in seinem Sprengel das Sendgericht (judicium synodale) und zwar über alle Einwohner aus.

Das Sendgericht hatte seinen Hauptsitz in Wettelsheim und wurde meist dort von einem Conventualen des Klosters abgehalten, wie denn auch dort der Send= richter und die Sendschöppen ihren Wohnsitz hatten.

Dort begann, wie herkömmlich, die Send mit der heimlichen Rüge, der dann die Klagstellung und das Strafverfahren folgte. Sie erstreckte sich auf alle straf= baren Handlungen, insbesondere aber auf die Vergehungen gegen die Sonntagsfeier und gegen die zehn Gebote.

Zu Weyboldshausen und Höttingen stand den Herrn von Hausen über ihre Lehenleute daselbst nur die niedere Vogteilichkeit zu. Als aber der Deutschritterorden die Güter und Lehenleute der von Hausen an sich gebracht hatte, ließ er kein Mittel unversucht, auch die höhere Gerichtsbarkeit an sich zu bringen, was ihm aber bei der Wachsamkeit des Schutz= und Schirmherren der Abtei Wülzburg nicht gelang. Seine Uebergriffe wurden mehrmals mit Gewalt zurückgewiesen.

So lange noch die Reichsvögte zu Weissenburg den Schutz des Klosters über sich hatten, war solches übel behütet. Diese Vögte hielten es meist mit der Stadt Weissenburg und bedrückten selbst das Kloster.

Die Burggrafen zu Nürnberg kamen ihrer Pflicht besser nach, als ihnen im Jahr 1325—1360 Stadt Weissenburg vom Reich verpfändet wurde und als Kaiser Sigismund ins Mittel trat, Burggraf Friedrich I. den Schutz übernommen hatte und er von diesem auf die folgenden Burg= und Markgrafen überging.

Es erfolgten nun von Zeit zu Zeit Visitationen des Klosters, die Schutz= herren wohnten den Wahlen des Abtes bei, bestätigten solche bis zum Jahre 1538, von wo an sie den Probst selbst setzten.

Mit der Inful hatten die Aebte zu Wülzburg vor andern nicht infulirten Aebten den Gebrauch der Pontificalien voraus, den Vortritt vor den Domkapitula= ren, sofern diese nicht in corpore versammelt waren, Sitz und Stimme bei den

General-Concilien, nebst dem Rechte, ihren untergebenen Religiosen Ordines minores ertheilen zu können.

Was das Kloster Wülzburg an Grund und Boden, sowie an Rechten und Reichnissen besessen, war nicht unbedeutend.

Vor Allem hatte es das Kloster selbst auf dem Berge mit diesem.

Seine Grenzen liefen gegen Weissenburg und schieden diesem gegenüber die Jurisdiktion bis zu dem Weg oder Ort genannt „wo der Hecht den Fuchs gefangen" und weiters hinum zu „Wein und Brod" auch in dem „Weingesteig".

An Holz hatte es den Steinberg, den Leybüchel, die Hessenau, das Streh= holz, das Key, den Lemerberg, der zugleich zum Viehtrieb gemeinschaftlich mit Keel diente.

Zu Frohn gingen ihm die 3 Bauern zu Wülzburg, die 12 Bauern zu Oberhohenstatt, die 4 Bauern zu Niederhofen, die 18 Köbler zu Wettelsheim, die Hofbauern zu Drometzheim und Kattenhochstatt, die Köbler allda und die zu Holzingen und Hattenhof, die Besitzer auf dem Zehenthof zu Holz, Heu, Grummet, Ruben und Zehntfuhren, wie solches im Saalbuch von 1541 Fol. 23 des Näheren beschrieben.

An Fischwassern gehörten ihm das zu Ropach und acht Fischerlehen zu Ge= stat, Lengefeld, Ayla, Zimmern und vier zu Bubenheim.

Ein wöchentlicher Fischdienst, welchen diese Lehnleute in Geld oder Natura zu geben schuldig, bestand in einem Pfund Gelts Visch, wogegen eine Suppe von der Küche, ein Trunk und etlich Pent als Knapen genannt, von dem Keller zu reichen waren.

Gärten besaß es nur die innerhalb der Ringmauer, dann einen Garten britthalb Tagwerk groß bei Weissenburg, desgleichen einen in der Stadt und ein Krautgärtlein im Klösterlein.

Einen Weinberg hatte es zu 7—8 Morgen bei der Wein= und Landstrasse, die man nach Eichstädt fährt. Die Unkosten lohnten aber den Fortbau nicht; da= gegen hatte es den Zehnten in einem Weingarten eines Weissenburger Bürgers, der alt Kochlein genannt, der aber meist in einem Körbchen erfrorener Trauben bestand und mit der Zeit einging.

Der Wein scheint früher in der Gegend um Wülzburg und im Eichstädti= schen sehr cultivirt worden zu sein und namentlich von den Klöstern. Schon 1055 gibt Heinrich III. der Eichstädter Kirche das Recht, Weinberge von Rebdorf bis Imhingen anzulegen und es soll im Jahr 1521 ein so vortreffliches Weinjahr ge= wesen sein, daß man von Hirschberg, Messing und Wernfels 600 Eimer bekam.

Es hieß aber wohl nicht ohne Grund:

„Der Wein ist sauer, den trinkt der Bauer —
Das Bier ist bitter, das trinkt der Ritter."

An Wiesen gehörten dem Kloster: ein Wißmat zu Niederhofen zu 18 Tagwerk, eine Wiese unter Keel, die Schaukelwiese genannt, zu 9 Tagwerk; ein Wißmat zu Wachenhofen, der Pruel genannt, zu 18 Tagwerk; eine Wiese zu Emmezheim, der Sahr genannt, zu 7 Tagwerk, bei welcher mit einem Nachbar jährlich mit der Frucht gewechselt wurde — dann ein Wies-Flecklein zu Weissenburg zu ein halb Tagwerk.

Die Aecker sind wegen schlechter Beschaffenheit vererbt worden.

Daß Kloster besaß ferner:

das Klösterlein zu Weissenburg, wie es im Saalbuch des Weitern beschrieben.

zu Oberhohenstatt

die Pfarr und samt dem Meßnergut und Backstube 45 Mannschaft.

Vier Gütler, welche da dem Bischof von Eichstädt zuständig „nahmen zu Reittenbuch Recht", haben aber wie die sieben Weissenburger den gemeinen Nutzen wie die Stiftleute.

Es wurden auch jährlich die Vierer alter Gewohnheit nach allein aus den Stiftleuten in Gegenwart der Herrschaft gewählt. Diese Vierer hatten jährlich einer Gemein Rechnung zu legen.

Zu Niederhofen

hatte das Kloster 12 Mannschaften mit Zinsen, Gülten, Zehnten, Reisen und Steuern, auch Handlohn und zum Theil Haupthecht.

Zu Keel

besaß es 13 Mannschaften, die neben Zins 2c. noch den großen Zehnten zu reichen hatten.

Weiter gehörten ihm

die Kornhäuser zu Weissenburg und Falbenthal.

Das Patronat stand ihm zu

über die Pfarreien zu Weissenburg, Wettelsheim, Weihboldshausen, Hohenstadt, Hürlbach, Salach, Höttingen und Lenkersheim.

Ihm waren gehörig

Wettelsheim mit der Vogtei, Gericht und allen anderen Rechten im Jahr 1364 um 2100 Pfund Heller von Marschall Heinrich von Pappenheim unter Bestättigung des Kaisers Karl IV. erkauft.

Auch hatte es daselbst schon 1283 Güter des Grafen Friedrich von Truhendingen, später Güter des Grafen Ludwig von Oettingen und Berthold von Graisbach so wie die Kaisersheimschen Güter geschenkt erhalten.

Zu Bubenheim

die curia pontis cum fundo, von dem Abt Burkhardt 1282 mit allen Pertinenzien erkauft.

4*

Zu Höttingen

den großen und kleinen Zehnten nach einer Urkunde des Abtes Conrad zu Wülzburg de Ao. 1369.

Kirche, Pfarrhaus mit Aeckern und Wiesen, Meßnerhaus mit Aeckern und Wiesen.

(Die Kirche zu Höttingen war bis 1482 ein Filial von Hausen. In diesem Jahr wurde sie von dem Abt Wilhelm zu einer Pfarrkirche erhoben und von ihrer Mutterkirche getrennt.)

Zu Weihboldhaußen

Kirche, Pfarrhaus, Meßnerhaus, zwei Bauernhöfe.

Der Pfarrer bezog den Zehnten und hatte noch Grundstücke dazu zur Nutzung.

Die beyden ersten protestantischen Geistlichen waren Mönche von Wülzburg

Johann Hirzel 1521.

Paulus Mayr 1550—1577.

Zu Holzingen

Burg und Ort, von Friedrich von Holzingen gestiftet, der Schwester desselben „Gertraud" jedoch restituirt.

Es hatte daselbst aber außerdem die Obrigkeit und versah die Pfarre.

Zu Kattenhochstatt

einen großen Meierhof.

Endlich besaß es noch Zehnten, Gülten, Zinsen zu Ramsau, Alesheim, Eberwang, Samenheim.

Bis zu 1483 hatte das Kloster eine Hofstatt zu Berolzheim im Besitz, in welchem Jahr es aber solche, wie schon berührt, an die von Lentersheim verkaufte.

Um dem Gedächtniß der beiden letzten fürstlichen Pröbste gerecht zu werden, sollen solche hier noch besonders aufgeführt werden.

Gumbrecht, gesetzt 1524 nach der Abdankung des Veit von Gebsattel.

Friederich, gesetzt nach Gumbrechts Tod 1531.

Besonderes bringt über Beide die Geschichte nicht.

Jung bringt unter den Unterzeichnern der Urkunde vom 20. Oktober 1523 über die Umwandlung der Abtei Wülzburg in eine Probstei einen „Willibald Zeller, Präpositus." Dieser Zeller wurde nachher als Probst nach Solenhofen in die dortige Benedictiner=Abtei berufen, welche 1534 secularisirt wurde, nachdem jener die Augsburger Confession angenommen hatte.

Ein Reinhold Zeller war 1355 schon Fürstprobst in Berchtesgaden.

Der erste Stiftsamtmann in der Probstei Wülzburg war ein Rudolph von Baldeck.

Erster weltlicher Amtmann der säcularisirten Güter war Christoph Marschalk. Im Jahr 1556 war es Hans Hartung.

Ao. 1554 hat man die besten Glocken von Wülzburg hinweg zu Spalt durch und nach Neustadt an der Aisch geführt, allda in dem Kirchthurm aufgehengt, dieweil die Stadt von denen von Nürnberg und ihren Bundesgenossen in Markgraf Albrechts Kriege ausgebrannt worden.

Es war dies der letzte Rest aus der alten Herrlichkeit des Klosters.

Festung.

Er saß mit dem Bivac Mantel bedeckt,
Sein hölzernes Bein hat sich ausgestreckt,
Auf der Bank am großen Kamin;
Er las in der Zeitung; verdrießlich, stumm,
Schlug er ein Blatt nach dem andern um.
Dann murmelte er vor sich hin:

„Heute wie gestern, morgen wie Heut',
Tagtäglich, klagtäglich und wiedergeläut.
Die Mär' vom ewigen Frieden!
Da schlag doch ein heiliges Wetter hinein,
Gelähmt, gefangen, begraben zu sein
Im Haus der Invaliden."

Fr. Dingelstedt.

J. Heilmann in seiner Kriegsgeschichte von Bayern, Franken, Pfalz und Schwaben. München 1868 bringt über die Erbauung der Veste Wülzburg, Bd. I. S. 402 Folgendes:

Die ehemals Ansbach'sche Veste Wülzburg wurde im Jahre 1588 durch Markgraf Georg Friedrich, ungeachtet mehrere benachbarte Reichsstände dagegen protestirten, erbaut. Am 4. Juni 1588 war Georg Friedrich persönlich auf der Wülzburg erschienen, um sich das Terrain zu besehen und darnach seine Maßregeln zu treffen. Nach dieser Recognoscirung ließ der Markgraf durch einen ansbachischen Baumeister den Plan der Veste entwerfen. Nach der unten angegebenen Quelle („Kurze Beschreibung des neuen Baues" auf dem k. Archiv zu Bamberg) sollte die Bestung in circum ferentia in und um sich 3200 Werkschuh messen, die Ringmauer von Grund aus 25 Werkschuh breit werden, davor ein wundertiefer Graben und hoher Wall sich befinden, auch fünf gewaltige Bastionen bekommen, deren jede 40 Werkschuh hoch und 36 breit und 290 Werkschuh von einander entfernt wären. Die Bastionen erhielten die Namen „Heier, Reichert, Roßmühle, Ellingen, Hauptwacht." Ueberdieß sollen vier hohe und starke Thürme innerhalb der Bastione erbaut werden, „der Meinung ob sich künftig im Haus ein Rebellion oder Auflauf begebe, man solchen aus ermelten Thürmen durchschießen, verwehren und stillen möchte." Es sollten auch Wohnungen für Soldaten und Handwerksleute erbaut und „der Vorhof im Haus" 270 Werkschuh breit werden. Während des Baues mußten die Bauern der benachbarten markgräflichen Orte dorfweis auf der Veste wachen, „denn sie sich eines Gewalts und Verhinderung des Baues besorgen." Mit kurzen Worten gesagt, Markgraf Georg Friedrich stellte die Bestung mit fünf Bastionen und schönen Souterrains her, ließ mit vielen Kosten und großer Anstrengung den Graben aus den Felswänden aushauen und einen 478 Schuh tiefen Ziehbrunnen graben. In Bobenehrs „Forco d' Europe" heißt es auf Blatt 196, wo sich ein Plan der Veste in Vogelperspektive befindet, „Markgraf Georg Friedrich von Brandenberg hat hiernach die jetzige Bestung mit 5 Bastionen zu erbauen angefangen, so alle ihre Casematten und vorgelegte Flügel und auf den drei Bastionen gegen die Straße, wo man herauffährt auch seine Cavaliere gehabt, alles von harten Steinen, welche mit großer Müh und Arbeit aus dem Graben gebrochen wurden.

Wülzburg, das nunmehr seine Bestungseigenschaft verloren hat, war, da es nicht einmal die Straße bei Weissenburg beherrschte für große Operationen niemals von Werth; die Veste wäre höchstens für montane Aufbewahrung von Kriegsbedürfnisse gegen feindliche Streifkorps zu gebrauchen gewesen.

Soweit Heilmann mit seiner Erzälung des Baues und seinem Urtheil über die Bedeutung Wülzburgs als Bestung, welch' letzteres ich nicht durchweg unterschreiben möchte.

Die Geschichte des Baues findet sich ähnlich bei Chemnitz, von Schütz und Andern.

Die Reichsstände, welche gegen den Bau protestirten, waren Ellingen, Weissenburg und Eichstädt.

Man erzählt, der Markgraf sey sogar in die Acht erklärt worden, habe aber fortgebaut und zu den Bauleuten gesagt: Acht und Aber Acht — baut ihr nur zu! Es erinnert diese Sage an Markgraf Albrecht, Alcibiades genannt, der als die Acht über ihn ausgesprochen wurde, gerufen hat: Acht und Aber Acht macht sechzehn, wir wollen sie fröhlich und in Freuden mit einander vertrinken, je mehr Feinde je mehr Glück!

Nach einem hier liegenden Plan der Festung von 1739 sind die Bastionen zu dieser Zeit schon „Jungfrau, Krebs, Roßmühle, kaltes Eck und Hauptbastion" genannt, welche Benennung sie noch heutzutage führen.

Markgraf Georg Friedrich, prachtliebend, genannt „der Reiche", war wie sein Vorfahren und Nachfolger leidenschaftlicher Jäger, nannte seine Mutter auch nur „die alte Jägermutter" und regierte bis 1603; ihm folgte Joachim Ernst, der leider viel versäumte und sein Land hätte groß machen können und bis 1625 an der Regierung blieb. Hier trat dann die Regentschaft der verwittweten Markgräfin Sophie ein, welche bis 1639 währte und in deren drangvollen Zeit sich jene wie ein Mann bewährte und sie dabei der harte Schlag traf, daß der Sohn und Erbprinz in der Schlacht bei Nördlingen verkam.

Im 30jährigen Kriege leistete Wülzburg als Bestung ihre guten Dienste; allein nicht dem eigenen Fürsten und dem eigenen Lande, wie wir aus von Soden's Geschichte der Schweden in Deutschland des Näheren ersehen.

Am 29. Oktober — 8. Novbr. — 1631 flüchtete die junge Herrschaft und die fürstliche Wittwe Sophie mit 30 Kutschen und Wägen zu mehrerer Sicherheit auf die Wülzburg.

Als Tilly bei Leipzig Gustav Adolph unterlegen war und dieser den Feldzug am Rhein und Main gegen die Liga fortsetzte und Kaiser Kaiser sein ließ, war jener von Bayern aus wieder vorgegangen, nahm Rothenburg und Bamberg, und hatte es auf Nürnberg abgesehen. Er mußte aber zurück, um Bayern zu decken, verwüstete aber Nürnberger Gebiet und spielte Ansbach auf das härteste mit, wo selbst die Gärten der Stadtbewohner nicht verschont blieben. Vom 28. Novbr. a St. bis zum 1/11. Dezember 1631 war Tilly in Weissenburg, an welchem Tag er nach Donauwörth abreisete. Er kam aber bald zurück und gleich darauf rückte Oberst Graf Philipp von Pappenheim mit seinem 10 Fahnen starken Regiment in Weissenburg ein. Am 19/29 Dezbr. 1631 mußte Wülzburg kaiserliche Garnison einnehmen. Tilly stellte bei seinem Vorrücken in Franken diese harte Bedingung und bedrohte im Weigerungsfalle die Städte Ansbach, Roth, Gunzenhausen und Schwabach mit Garnisonen.

Die Kapitulation der Wülzburg, welche zwischen der markgräflichen Vormundschaft und ihm sub. d. Weissenburg am Nordgau Mittwoch den 14/24. Dezbr. 1631 aufgerichtet wurde, wurde auf diese Weise erzwungen, ohne daß die Veste selbst bedrängt worden wäre.

Lichtenau hatte er schon am 7. November desselben J. belagert und durch Accord genommen.

Wülzburg wurde mit 300 Mann besetzt. Nach dem Einrücken der Kaiserlichen verließ die Markgräfin Sophie ihren bisherigen Zufluchtsort und begab sich mit Familie über Gunzenhausen nach Ansbach. Ihre Effecten folgten auf 18 Wagen unter Bedeckung eines Offiziers und 20 Reitern vom Schönberg'schen Regiment.

Der bisherige markgräfliche Commandant von Wülzburg war Johann von Streitberg.

Die Wülzburg wurde 1632 und 1634 von den Kaiserlichen gegen die Angriffe der Schweden behauptet und bis zum Schluß des westphälischen Friedens innebehalten und da erst an Ansbach zurückgegeben.

In Weissenburg lag, wie angegeben Philipp, Marschall von Pappenheim. Er räumte bei Annäherung der Schweden unter Gustaph Adolph am 24. März (3. April) 1632 diese Stadt, zog sich auf die Wülzburg zurück, nahm fünf der Stadt gehörige Falkonetlein nebst Pulver, Blei und Lunten mit und ließ 300 Stück Schaafe, welche dem Ansbacher Verwalter, Achaz Kober, in dem sonst zur Wülzburg gehörigen Clösterlein in Weissenburg gehörten, auf die Festung treiben. Ebenso ließ er mit allem Vieh aus der Umgegend verfahren trotz der Tilly'schen Salveguarde.

Weissenburg wurde ohne Widerstand von den Schweden besetzt. Nachdem Gustav Adolph die Veste Wülzburg recognoscirt hatte, hielt er am oben angegebenen Tage seinen Einzug in Weissenburg. Der Schwedische Oberst Goldstein ließ sogleich durch einen Trompeter die Festung im Namen des Hauses Brandenburg zur Uebergabe auffordern, aber die Besatzung antwortete mit Kanonen. Wülzburg wurde nun zu Roß und Fuß berannt.

Der König hatte sich eine weit geringere Idee von der Festung gemacht und meinte, wenn er nur schon darin wäre. Er machte auch den Weissenburgern Vorwürfe, dem Tilly so „lieberlich" die Thore geöffnet zu haben, obgleich ihre Stadt mit Mauern und Graben versehen sei.

Am Palmsonntag zog Gustav Adolph mit seiner Armee über Monheim nach Donauwörth, während der zur Vertheidigung von Weissenburg bestimmte Oberst Sperreuth Eichstädt mit Accord genommen.

Die Besatzung Weissenburgs bestand am 12./22. April 1632 noch aus 4 Compagnien zu Roß und zu Fuß. Die kaiserliche Garnison in Wülzburg bedrängte sie täglich mehr mit Ausfällen und Schießen auf die Stadt, die aber bis jetzt nicht erreicht werden konnte. Ringsum wurde gebrannt; Niemand konnte sicher die Stadt verlassen. Die Felder mußten ungebaut liegen bleiben, Mühlen und Wälder konnten nicht benützt werden. Die Bewohner von Weissenburg waren ärger blockirt als es mit der in Wülzburg liegenden Pappenheimschen Soldateska der Fall war. Die Bürgerschaft war ausgesogen durch die schwedische Garnison; dabei hielt sie Oberst Graf Pappenheim für den schlimmsten Feind und hatte sie mit Hängen bedroht. Die Weissenburger waren deßfalls in großer Angst, Noth und Gefahr. Sie baten den Rath von Nürnberg, sie bei dem evangelischen Kreistag zu vertreten.

Gustav Adolph war deshalb an der Eroberung Wülzburgs viel gelegen. Claus Dietrich von Sperreuth ließ durch den Administrator des Fürstenthums Ansbach Grafen von Solms alle Beamte zur Stellung von Schanzarbeitern mit Hauen, Schaufeln, Pickeln auffordern. Solms versprach ihm eine Unterstützung von 100 Mann und den Bedarf an Geschütz aus dem Zeughaus zu Ansbach, wofür ihm der König aus Thierhaupten am 8/18. April dankte.

Am 8/18. Mai machte der Schwedische Rittmeister Rummel eine Recognoscirung gegen die Wülzburg, wurde aber von dort aus mit seinem Comitat mit Carthaunen begrüßt.

Zwei Tage darauf war die Wülzburger Garnison unversehens mit einer großen Anzahl Kriegsvolkes zu Roß und zu Fuß verstärkt worden und am andern Tag wurde Weissenburg mit 1000 Pferden und 1000 Mann zu Fuß vom Merodeschen Volke und dem bayerischen Ausschuß mit einigen Stücken berannt. Sie beschossen Weissenburg bis Mitternacht. Die aus 1600 Mann bestehende Besatzung von Sperreutschen Volke, unter dem Schwedischen Oberstlieutenant Alexander Lindenherz, leistete tapferen Widerstand. Die Bürger vertheidigten sich auf den Thürmen mit zwei Stücklein, Doppelhacken und Musketen. Sie verloren zwei Mann und die Brustwehr wurde fast ganz weggeschossen. Oberst Pappenheim ließ sie zweimal durch einen Trompeter zur Uebergabe auffordern, unter der Androhung, im Verweigerungsfall wolle er das Kind im Mutterleibe nicht schonen. Der Feind zog sich zum Glück für die Stadt um Mitternacht zurück.

Weissenburg von aller Munition entblößt, bat in Nürnberg um 30 Ctr. Pulver. General-Oberstwachtmeister Wahl war gegen die Stadt im Anzug. Nürnberg schickte Hülfe an Soldaten, 200 Mann unter Hauptmann Pömer. Auch Markgraf Christian von Brandenburg wurde auf die Gefahr aufmerksam gemacht, in welcher Weissenburg schwebte und die Stadt erkannte jede Hülfe um so dankbarer an, als die Regimenter der Obristen Kratz und Wahl in Wülzburg angekommen waren und ein abermaliger Angriff von dort zu befürchten war.

Sperreuth ließ den ganzen Ausschuß im Ansbachischen aufbieten, um der bösen Gäste los zu werden. Auch von Oettingen aus schickte er der bedrängten Stadt Hülfe, da ihm der König selbst deren Erhaltung sehr empfohlen hatte. Er übersandte auch ein Verzeichniß der nach Aussage eines Gefangenen vor Weissenburg angekommenen kaiserlichen Völker. Es enthielt die Regimenter Cronberg, Schönberg, Colloredo, Caronini, Rankony, Kratz, 9 Comp. Branoni, 1 Regiment Croaten, 3 Regimenter Ungarn, zusammen 12000 Mann stark, 5 Comp. des Don Balthasar und 10 Comp. Dragoner.

Solcher Macht konnte Weissenburg nicht lange widerstehen. Von Nürnberg waren bereits 1 Ingeneur, 2 Constabler, 1 Feldscheerer, etliche Zimmerleute und Schanzgräber mit einem Wagen voll Munition, Granaten und Pechkränzen auf dem Marsche begriffen gewesen, wurden aber wieder zurückcommandirt, als man dort die Belagerung der Stadt erfuhr. Gustav Adolph selbst, der am 25. Mai (4. Juni) bei Memmingen war, bot Alles auf, um die Stadt zu retten. Er hatte bereits am nämlichen Tag mit dem größten Theil seiner Armee bei Donauwörth, Herzog Ernst von Weimar mit 1000 Mann bei Monheim, die Donau passirt. Aber alles vergeblich.

Donnerstag den 24. Mai (3 Juni) rückten 8000 Mann (nach Volz 14000 Mann) kaiserl. und bayerisches Volk zu Roß und zu Fuß mit den nöthigen Stücken von Wülzburg herab, umzingelten und beschossen Weissenburg von allen Seiten. Zu seinen tapferen Vertheidigern gehörten auch 229 Bürger von Wassertrübingen, Gunzenhausen und Heidenheim unter dem Hauptmann Conrad Braun.

Garnison und Bürger waren nach zweimal 24stündigem Wachen und Fechten sehr ermüdet, Kraut und Loth mangelten. Von der verheißenen Hilfe erfuhr man nichts, der Feind war schon bis an die Thore gerückt, rüstete sich zum Sturm, hatte viele 100 Büschel und Wellen zum Ausfüllen der Stadtgräben zusammengeführt, auch vorher schon die Thürme und Streichwehre an der Mauer gegen das Lager, wo er anlaufen wollte, genommen und niedergeschossen. Die Kapitains und Offiziere zu Fuß begannen zu wanken und zu accordiren. Die Soldaten wollten auch nicht mehr fechten und liefen von der Mauer. Man entschloß sich zur Kapitulation, die am 27. Abends zu Stande kam.

Die Garnison sollte am 28. Früh mit Sack und Pack abmarschiren, aber der Accord zwischen dem Grafen Joh. Phil. Kratz und dem Rittmeister Simon Rummel wurde nicht gehalten.

Die Kaiserlichen rückten mit brennenden Lunten ein; die Schwedischen mußten die ihrigen auslöschen und erklären, ob sie ihnen dienen wollten oder nicht? Im letzteren Fall drohte man, sie Alle niederzumachen. Die Meisten erklärten zum Dienst sich bereit; den Andern nahmen sie Waffen und alles was sie hatten; dem Rittmeister selbst 6 Schimmel und die Kutsche. Die Reiter warfen die Kaiserlichen von den Pferden, tödteten viele Menschen und droheten dasselbe dem Ausschuß. 45 ließen sie gegen 300 Thlr. Ranzion laufen.

Der Feind hielt den Accord weder den Brandenburgischen Bürgern noch den Nürnberger Soldaten. Er schnitt ihnen beim Durchmarsch die Ranzen vom Leib, nahm ihnen vor dem Thor Ober= und Seitengewehr, und zog ihnen die Kleider bis auf die Schuh aus. Alle Ledigen wurden gegen Accord zu Soldaten weggenommen und mußten bei den Tillyschen sich „unterstellen". Die Kaiserlichen plünderten in Weissenburg und hausten mit jämmerlichen Bedrückungen gegen die arme Bürgerschaft. Die Kirchen, Schulen und Spital unterlagen einer 24stündigen Plünderung. Bürger wurden niedergemacht, gerädelt, gehauen und geschlagen. Weiber und Kinder nicht allein in den Häusern, sondern sogar auf der Straße geschändet. Ein vornehmer Bürger mußte 1000 Reichsthlr. Ranzion zahlen.

Nach Voltz geschah dieß Alles trotz des von Pappenheim vor seinem Abzug nach Wülzburg der Stadt Weissenburg ausgestellten Zeugnisses: der Rath habe sich bisher standhaft bei Sr. Kaiserlichen Majestät gehalten, was er gehörigen Orts rühmen werde.

Nach kurzem Aufenthalt verließ das Merodische Volk die Stadt und marschirte nach Ingolstadt.

Schon am 30. Mai (10. Juni) erschienen aber 300 Kroaten, plünderten was noch übrig war, durchwühlten Häuser und Scheunen und führten endlich den Wülzburger und Ansbachischen Verwalter vom ehemaligen Clösterlein zu Weissenburg Achaz Kober, den Vogt zu Weimersheim, fünf des innern Raths, den Prediger, den Advokaten und den Syndicus zu Weissenburg, viele Jungfrauen und Mägde, die sich theils gerne theils mit großer Ungeduld hergaben als Gefangene mit fort, nachdem sie zuvor mit allen Weibern, die ihnen zu Gesicht kamen, sodomitisch gehaust. Das Fußvolk marschirte nach Donauwörth, die Reiter mit den Gefangenen nach Ingolstadt. 200 Mann blieben als Garnison in Wülzburg.

Achaz Kober, Ernst Stadmann, Voigt zu Flügling, wurden 20 Meilen weit in Ketten mitgeschleppt und schlecht behandelt. Auf dem Transport nach Böhmen begriffen, wurden sie auf Verwendung mitleidiger Menschen nach Regensburg zurück=

gebracht und dem Profosen des alten Pappenheimschen Regiments übergeben, womit der Commandant jener Stadt, Kapitain Jean Blanchert sehr unzufrieden war. Oberst Pappenheim und Oberstlientenant Metternich verlangten 700 Thaler für 130 rück= ständige Simra Korn und noch außerdem 2800 fl. als Lösegeld. Die Gefangenen baten nun die Regierung um Zahlung jener Summe.

Die acht von Weissenburg als Geißeln nach Ingolstadt transportirten Bür= ger sollten dem churfürstlich Bayerischen Generalcommissär Haggsdorf 60,000 Rchsthlr. für Ranzion und Brandsteuer zahlen. Die eine Hälfte binnen 8 Tagen, die andere in 3 Wochen. Da dieß unmöglich war, so erlaubte man ihnen durch einen Trommel= schläger ein Schreiben an den König von Schweden zu schicken und ihm ihren Zu= stand zu schildern. Sie wandten sich zugleich an den Rath in Weissenburg und den von Nürnberg; baten um ihre Vermittlung. Den König von Schweden baten die Geißeln, er möge die von der Stadt Landshut noch zu fordernden 59,000 Thaler nachlassen und die Geißeln zurücksenden, worauf sie dann auch frei würden.

Der Weissenburger Rath bat den von Nürnberg ebenfalls um Verwendung bei dem Könige, denn er könne diese 60,000 Thaler nicht geben, da man den Ein= wohnern nichts gelassen als das Leben. Weissenburg berechnete den erlittenen Scha= den auf 2 Tonnen Goldes.

Indeß rückten 7 Compagnien Schwedische Dragoner unter Oberst Sperreuth vor Weißenburg und erstiegen am 1/11. Juni die Stadt. Sie machten die Kaiser= liche Besatzung nieder mit Ausnahme des Trompeters Blumensack und eines Korpo= rals. Beide wurde von den Bürgern erbeten.

Die Schweden begannen nun wieder feindlich gegen die Festung Wülzburg zu agiren. Weil Weissenburg an Allem Mangel litt, so bat Sperreuth die Re= gierung von Ansbach um Munition, Kraut und Loth, auch Proviant, dann auch Zimmerleute und Baumeister, soviel deren zu bekommen, damit man thätig an den Werken arbeiten könne. Sperreuth begehrte auch täglich 100 Mann zum Schanzen, die sich selbst ernähren müßten. Werde der Bedarf geliefert, so würde das „Aus= reiten" der Soldaten unterbleiben. Nürnberg sei zu weit entfernt. Allein die Re= gierung erwiederte: diese Stadt sei auch nicht viel weiter entfernt als Ansbach, habe Ueberfluß an Allem, bessere Wege rc. Sperreuths Wünsche und Anträge blieben deshalb von dieser Seite unerfüllt.

Croaten hausten in Ansbach unter Oberst Putzkani.

Die Markgräfin Sophie war mit ihrer Familie nach Nürnberg gezogen größerer Sicherheit willen; hatte 76 Personen und 41 Pferde bei sich. Ihr Bruder, Graf Friedrich von Solms war auch da. Das Regierungspersonal hatte sich nach Windsheim geflüchtet, weil der Paß nach Nürnberg schon verlegt war. Forchheim,

Rothenburg, Wülzburg, Lichtenau, selbst Schwabach und Ansbach waren von den Kaiserlichen und Ligisten besetzt.

Während Schwabach und Ansbach ihre Geißeln durch Geld befreit oder noch lösen sollten, begehrte der Kaiserliche Commandant zu Wülzburg, Hauptmann Heinrich von Ensher oder Enbler von dem Stadtvogt zu Gunzenhausen 320 Rchsthr. Ranzion für zwei Gefangene, mit der Drohung, wenn die Zahlung nicht binnen 6—7 Tagen erfolge, so sollten die Gefangenen mit dem Leben dafür büßen. Ihre Zahl hatte sich auf 45 Mann vom Ausschuß belaufen, wovon Enbler jene beiden zurückbehalten, die andern aber unter der Bedingung entlassen hatte, daß die Ranzion bald erfolgen solle. Gunzenhausen war außer Stand, jene Forderung zu befriedigen und wandte sich deshalb an die Regierung von Ansbach mit der Bitte, sie in Auslösung der Gefangenen zu unterstützen.

Auch die Regierung von Ansbach schickte an den König nach Nürnberg ein bringendes Schreiben, worin sie für Gunzenhausen die Unmöglichkeit vorstellte, ferner Garnison zu halten, indem das Städtchen durch die vorjährige Tilly'sche und heurige 12mallge Plünderung ganz ruinirt sei. Weil aber der Paß gegen die Wülzburg besetzt bleiben müsse, bat die Regierung den König, durch einen Commissär Ordnung unter der Soldateska zu erhalten, sonst die Einwohner ihre Häuser verlassen und in die Wälder flüchten müßten.

Die Heidenheimer erklärten, auf sechs Wochen wöchentlich 3 Simra Mehl, 4 Simra Haber, 6 Eimer Bier, 3 Fuder Heu und 4 Fuder Stroh für die Garnison nach Gunzenhausen zu liefern, welche dort zum Schutz gegen Lichtenau und Wülzburg nöthig war.

Sonntag den 14/24. Oktober (so meldet der Vogt, Georg Schülein zu Windsbach an die Regierung) marschirten 200 kaiserliche Dragoner von Wülzburg nach Spalt und Wassermungenau, zogen von da auf die Nürnberger Straße und auf einem Umweg nach Ammerndorf und Weissenbrunn. Aus beiden Orten nahmen sie die Geistlichen aus dem Pfarrhof mit fort. Der vom letzten Ort bat bei diesem nächtlichen Ueberfall bringend, ihm so lange „Dilation" zu geben, bis das von Seydendorf ihm zugetragene neugeborene schwache Kindlein getauft wäre. Das flehentliche Bitten war umsonst; ohne Hut mußte er ein Pferd besteigen — und man schleppte ihn nach Wülzburg. Er sollte 600 Rchsthr. Ranzion geben oder er werde aufgehenkt, weil es die Schwedischen mit den päpstlichen Pfaffen ebenso gemacht. Als bei Wassermungenau das Pferd nicht mehr gehen wollte, mußte der Geistliche absteigen und die Reise zu Fuß fortsetzen. Es war Nachts 10 Uhr und es gelang ihm zu entwischen. Nicht so glücklich war der alte Pfarrer von Ammerndorf; sie hatten ihm auf dem Pferde Hände und Füße gebunden, schleppten ihn trotz aller Seufzer und Wehklagen über seine Schmerzen nach Wülzburg.

Der Einspänniger, Georg Kahr, war auf einer Reise in des Kanzlers Dienst von den kaiserlichen in der Festung liegenden Soldaten gefangen worden, hatte aber gegen Lösegeld seine Freiheit wieder erhalten. Dem kaiserlichen Trompeter, der ihn nach Nürnberg escortirte, mußte Kahr zur Belohnung Scharlach geben.

Bamberg, Wülzburg, Rothenberg und Lichtenau hatten im Dezember 1632 noch immer starke kaiserliche Garnisonen, welche Nürnberg ganz umschlossen. Sie war in steter Gefahr und der Rath bat im Angriffsfalle um Hülfe.

Am 25. Dezbr. a. St. 1632 oder 4. Januar n. St. 1633 begaben sich Hans Hofmann und Hans Cramer d. J. Stadtschreiber in Roth, nach Wülzburg, um des dortigen kaiserlichen Commissärs Leopold Richter Forderungen wegen Contribution zu hören, da er Exekution mit Feuer und Schwert bedrohte. Richter begehrte monatlich 600 fl. und als sie die Unmöglichkeit vorstellten, diese Summe zu zahlen, führte er sie zum Commandanten Wolf Ferdinand Fitsch, mit dem sie über eine monatliche Contribution von 100 Thalern übereinkamen. Als sie sich Anfangs nur zu 50 Thaler für jeden Monat verstehen wollten, bedrohte man sie mit Arrest und Exekution. Der Commandant aber noch besonders mit Feuer. Er sagte, wenn die Unterthanen auf dem Lande nicht zahlen, oder zu den Kosten beitragen wollten, so werde er sich schon selbst an ihnen bezahlt machen; er dürfe nur einen oder zwei gefangen nach Wülzburg führen und einen Flecken in Brand stecken, dann würden sie sich schon einstellen. Roth selbst bedrohte er mit Einlagerung von 1—200 Dragonern, wenn sie nicht zahlten.

Als nach Oxenstierna's Befehl alle Stände des Fränkischen Kreises am 20/30. Januar 1633 in Rothenburg zusammentraten, erklärte dort Metzler, schwedischer Rath und Kriegskommissär im Fränkischen Kreis, im Vertrauen, die in Wülzburg liegenden Soldaten hätten sich erboten, gegen Erlegung von 5000—6000 Thalern die Festung zu übergeben. Vom Generalstatthalter könne man aber keine bestimmte Erklärung dießfalls erhalten, weil er das Geld zu sehr liebe, wiewohl er jetzt nach Absterben des Jubilars, Eines von Lichtenstein, in Würzburg über sonst den Freunden zuständige 9000 Rchsthlr. zu sich genommen und als confiszirtes Gut betrachte.

Wölkern sollte daher den Rath von Nürnberg bitten, er möge dieses Geld vorschießen und dadurch die Festung einlösen oder wenn Privaten es vorstrecken wollten, so wolle Metzler dafür gute Bürgschaft leisten. Die Festung solle jenem Stand so lange als Unterpfand eingeräumt werden, bis das von ihm dazu geliehene Geld wieder bezahlt sei.

In Rothenburg hieß es „der schwarze Hans," so nannte man den Oberst Jean de Werth, werde nächstens mit seinem Regiment aufbrechen und nach Bayern marschiren; dagegen sollte Kaiserliches Volk in die Quartiere kommen, weshalb man für rathsam hielt, daß die Stände der feindlichen „Nester" sich baldigst bemächtigen.

Nach Wölkerns Bericht war es dem Grafen Hohenlohe nur um Schutz für seine Grafschaft zu thun.

Auf dem Kreistag zu Würzburg begehrte Graf Hohenlohe am 10./20. Februar eine Brigade Volk, womit er selbst die „Ratzennester an der Altmühl" reinigen wollte.

Schon im Januar verlangte Weissenburg Munition und Schanzzeug, Unschlitt und Bretternägel. Der Magistrat Nürnberg willigte am 14./24. Januar in die Bitte, hatte aber keine Gelegenheit zur Sendung.

Weissenburg hatte seit dem Mai 1632 bis zum Februar 1633 geliefert 700 Säcke Mehl, 1600 Eimer Bier, und 216 Ctr. Fleisch „in die Commisse." Die Bürgerschaft bestand nur noch aus 250 Mann. Commandant war Johann von Streitberg, Oberstlieutenant im Sperreuth'schen Regiment zu Fuß. Der Bürgermeister war indeß in der Gefangenschaft gestorben, für die andern Gefangenen sollte die Stadt 60,000 Rchsthlr. Ranzion zahlen; außerdem aber sollten sie in einen Thurm geworfen werden, in dem weder Sonne noch Mond scheine. Weissenburg berechnete seinen bisher erlittenen Schaden auf 2 Tonnen Gold.

Die Schweden hatten unter Herzog Bernhards Oberbefehl ihre Winterquartiere in Bamberg.

Am 3./13. Januar citirte der kaiserliche Kriegscommissär zu Wülzburg Leopold Richter, Bürgermeister und Rath der Stadt Roth nach der Festung, damit der Generalität Befehl gebührend vollzogen und allerseits gute Nachbarschaft gehalten werden könne. Er hoffe, daß keiner ausbleibe, indem dadurch der Kaiserlichen Majestät Wille geschehe „Gehorsam geleistet" werde. Richter versprach nur zu begehren, was Rechtens sei. „Im widrigen Falle" — schließt der Commissär — werde ich die wirkliche Exekution mit Feuer und Schwert vornehmen.

Am andern Tag erschienen in Wülzburg Hans Hofmann, Kaspar Cramer, Stadtschreiber zu Roth und schloßen mit Richter einen Vertrag ab, monatlich 100 Rchsthlr. nach Heideck zu liefern.

Um dieselbe Zeit hatte der Nürnberg'sche Oberstlieutenant Gieß in Schwabach erfahren, der kaiserliche Commandant in Wülzburg, Wolf Ferdinand Fitsch begehre von jener Stadt einen monatlichen Beitrag an Gold oder die Aufnahme einer Garnison. Weil dadurch der Paß für Nürnberg noch mehr versperrt, so solle vom Merodeschen Regiment Besatzung dahin kommen, die Schwabacher erklärten aber, daß Fitsch nur Geld verlangt habe, sie aber erklärt hätten, keines zu haben; sie selbst könnten keine Garnison brauchen, seien ganz verderbt.

Herzog Bernhard äußerte am 19/29. März in Nürnberg: er sei zwar Willens gewesen, die Nester im Stift Eichstädt aufzusuchen und die darinnen liegenden Garnisonen „aufzuschlagen" (überfallen) oder auch Forchheim zu attakiren. Weil aber Rain in Feindes Hand gefallen, müsse er an die Donau.

Ende März war der Herzog wieder in Ansbach. Im Pappenheimer Schloß war Kaspar Fink, kaiserlicher Hauptmann; den und die Wülzburg fürchtete Heidenheim und Umgegend sehr.

Der Convent für die evangelischen Stände der 4 oberen Kreise, der um diese Zeit zu Heilbronn versammelt war, änderte nichts in der Lage von Wülzburg.

Am 25. April — 5. Mai — rückte Herzog Bernhard von Neuburg her mit einer starken Parthie gegen Eichstädt. Dieses wurde sogleich ohne Gegenwehr genommen. Am 3./13. Mai capitulirte auch die Willibaldsburg.

Ist also — heißt es in einem Bericht aus Weissenburg an den Grafen Solms in Ansbach — Gottlob der Festung Wülzburg und Pappenheim ihr Abgott gefallen und der Paß zum Feinde abgeschnitten und will verlauten, daß man jetzt Pappenheim anzugreifen gesinnt sei. Gott gebe, daß diese Orte wie auch Ingolstadt, so jetzt desto leichter zu blockiren, bald in der Evangelischen Hände und dieses Fürstenthum, sonderlich diese Gegend aus ihren großen Drangsalen kommen.

Am Montag 20/30. Mai fielen 200 Croaten und bald darauf Dragoner plötzlich in Wettelsheim ein und haußten sehr übel durch Raub und Plünderung. Dem Pfarrer Johann Nürnberger nahmen sie alle Betten, Getreide ꝛc. Nürnberger sagt in seinem Bericht: man senge, brenne, und thue mit ihnen was man wolle. Dort im hohen Himmel sei es geklagt; der helfe gnädiglich, weil ja Menschen nicht helfen wollen noch können.

Am 23. Mai — 2. Juni — überraschten Nachts 200 bayerische Reiter und Croaten das markgräfliche Amt Wülzburg, nahmen den Pfleger zu Monheim gefangen, schoßen die beiden Schutzwachen zu Monheim und Altheim todt, plünderten die Dörfer bis in die Gegend von Heidenheim. Dieß meldete der in Oettingen lebende Amtmann von Wülzburg an den Grafen Solms.

Um Weissenburg war in dieser Zeit großer Jammer. Kober, der Verwalter von Wülzburg und wohl auch obiger Berichterstatter, traf den dritten Theil der Unterthanen nicht mehr lebendig. Die Uebrigen waren hin und wieder auch im dichten Wald zerstreut, viele 100 Waisen zogen herum von aller Welt verlassen, weil Niemand dem andern helfen konnte. Kober bat den Feldmarschall Horn in Weissenburg um Blockirung der Festung Wülzburg mit den Worten:

Euer Excellenz würden so viele Seufzer erlangen, die für Ihre Wohlthat gen Himmel stiegen, wenn sie diesem armen Haufen aus dem Elend hülfen.

Horn seufzte inniglich und erwiederte:

Ach des Elendes! Nun gedulbet Euch. Ich will ihnen nicht zu sehen bis auf den Schnitt (Ernbte). Ich muß dieses Mal mein Bolk zusammenhalten und das Hauptwerk fortsetzen; bin Willens den Ort per forza anzugreifen, den ich mit wenig Mühe und Kosten erobern will, denn ich wollte nicht gerne Schande einlegen.

Als auf dem Landtag zu Erailsheim eine Contribution beschlossen worden war, sagte Knebel, Amtmann zu Roth: sollten die Bewohner von Roth noch eine Contribution zahlen, so seien sie gezwungen, mit Weib und Kindern in's Elend zu ziehen.

In Wülzburg lag fort kaiserliche Garnison, die bis Roth streifte. Verweigerten die Rother die Wülzburger Contribution, so waren sie keinen Augenblick vor der Garnison dort sicher.

Horn lag vor Pappenheim, dessen Schloß am 12/22. Juni unter Kapitain Fink capitulirte. Horn war zu diesem Accord besonders durch Pappenheims schwere Krankheit bewogen. Dieser mußte aber versprechen, binnen zwei Monaten Monsieur de St. Andrö oder wenn dieser bereits durch Andere ausgewechselt worden, seinen Vetter Marschall Wolf Christoph auf freien Fuß zu bringen, im widrigen Fall aber bei Horn als Gefangener sich zu stellen. Pappenheim mußte sich auch scharf reversiren.

„Besorge aber — sagt der Berwalter Achaz Kober in seinem Bericht aus Weissenburg — er werde wenig ausrichten, denn er (Pappenheim) bei Herrn Albringer in geringem Respekt". Kober zweifelt auch an Pappenheims freiwilliger Wiederstellung. Kober ritt nach der Einnahme des Schlosses nach Pappenheim, und wurde von Horn zur Tafel gezogen. Dieser äußerte: er habe beschlossen, Pappenheim zu besetzen, weil Wülzburg noch in Feindes Händen.

Tausend Croaten hatten Wülzburg wieder mit Munition und Proviant versehen und zogen nach Neumarkt zurück. Sie wurden aber von Horn, der von Donauwörth gegen Neumarkt vorgerückt war, überfallen, 150 wurden niedergemacht und 300 Pferde mit Sätteln und Pistolen erobert.

Am 25. Juni — 5. Juli — war Horn wieder in Weissenburg, wo ihm Kober die Aufwartung machte und ihm zusprach, doch endlich einmal die Blockirung Wülzburgs vorzunehmen. Horn schien dazu entschlossen. Er wollte eine Schanze bei dem Bronnen anlegen, ein Regiment Reiter und 500 zu Fuß in der Nähe lassen, um die Veste zu blockiren. Aber die erste Bedingung zur Erhaltung der Soldateska war die Lieferung des nöthigen Proviants von Seite der Regierung in Ansbach. Kober schilderte aber die große Noth der armen Gegend. Dessen ungeachtet meinte Kober: „Wir hoffen längstens in 14 Tagen die Festung zu haben." Horn machte einen Versuch, die Festung „auf dem Marsch" wegzunehmen, der aber ohne Erfolg blieb. Das Schießen der Kanonen hörte man in Ansbach.

Als Herzog Bernhard und Graf Brandenstein zu Donauwörth „dem Haupt-
quartier der Schweden unter Horn", alles aufboten, die aufrührische Soldatesla
zu befriedigen, war auch Kober auf Befehl der Markgräfin dahin gekommen und
war vom Oberst Sperreuth über den Werth der Stadt Wemding, seiner Dotation,
consultirt worden. Es ist jetzt alles guter Wille, schreibt Kober an die Markgräfin,
bei hohen und niedern Offizieren und werden die Knechte auch, wie die Rede geht,
zu Augsburg mit einem Sold von 1—3 Monaten befriedigt werden nebst guter Vertröstung künftiger richtiger Bezahlung.

Bei der Musterung zählte Kober 95 Standarten und schätzt sie auf 9000
Pferde, das Fußvolk aber auf 8000 Mann.

„Sonst beruhen, fährt Kober fort, fast alle Sachen auf dem Grafen von
Brandenstein. Wer bei J. f. G. dem Herzog Bernhard etwas ausrichten will,
kann es durch Niemand besser als durch den Generalcommissär des Fränkischen
Kreises Häußner durchsetzen, der mit ihm am meisten zu belibiriren.

Während Herzog Bernhard zur Eroberung von Regensburg Verstärkung
seiner Armee durch den Generalmajor Lars Kagge erwartete, hatte Oberst Sperreuth
Befehl erhalten, die Festung Wülzburg zu blokiren, um den steten Ausfällen der
Garnison Hindernisse in den Weg zu legen und den bringenden Bitten der Weissenburger zu genügen.

Sperreuth begann am 7/17. Septbr. 1633 den Wald zu verhauen und
führte die zur Blockirung bestimmten Regimenter nach Weissenburg. Er forderte
täglich 1000 zweipfündige Laib Brod und 1000 Personen zum Schanzen. Hilpoltstein, Eichstädt und andere benachbarte Orte wurden requirirt. Nach Heideck wollte
Sperreuth 2 Compagnien zu Pferd legen und die Jesuiten, auch andere verdächtige
Personen daraus vertreiben. Er versprach dem schon oft erwähnten Verwalter
Kober, der ihm aufgewartet, die beste Mannszucht. Dieser erhielt die Weisung, die
Landleute aufzufordern zum Besaamen ihrer Felder, zum Beibehalten ihres Viehes. Sperreuth versprach den Unterthanen Schutz ihres Eigenthums. Von seinem Regiment zu Roß
findet sich folgende Vertheilung der Quartiere:

Major Rummel lag zu Wettelsheim, Ostheim zu Weimersheim, Maul zu
Trommetzheim, Taubenheim zu Stopfenheim, Miller zu Monheim.

Die Leibcompagnie lag zu Alesheim. Das ganze Regiment bestand aus
6 Compagnieen. Sie hielten noch ziemlich gut Ordnung.

Graf Friederich von Solms beorderte von Crailsheim aus den Amtmann
zu Hohentrüdingen, auch Oberförster und Jägermeister Caspar von Blankenstein
nach Weissenburg, um mit dem Oberst Sperreuth wegen Unterhalts der Mannschaft
zu verhandeln.

Die Kriegsräthe im fränkischen Kreis begehrten zur Ausführung einer „vornehmen Impresa" vom Rathe in Nürnberg 1500 Malter Korn, 160 Fuder Bier oder die Hälfte an Wein. Sie erklärten dabei, man könne von keinem Stande Entschuldigung annehmen.

Der Rath erklärte diese Forderung für unerschwinglich, bewilligte aber 400 Malter Korn und aus Mangel einer solchen Quantität Bier 6 Fuder schlechten Wein. Herzog Bernhard schrieb ebenfalls dem Rathe, Er habe dem Oberst Sperreuth einen besonderen Auftrag ertheilt, woran viel gelegen. Der Herzog begehrte deßhalb von den 400 bewilligten Ctr. Pulver 30 Centner, die er nebst 20,000 Musketenkugeln nach Weissenburg bringen sollte.

Auch Sperreuth richtete die nämlichen Bitten an Nürnberg. Er sagte: wenn es die Noth forbere, so wolle er den vom Herzog ertheilten Auftrag noch etwas aufschieben und zuvörderst mit 2000 Pferden dem Rath wider den Oberst Manteufel beistehen. Der Rath versprach die verlangten 30 Ctr. Pulver nebst den Musketenkugeln gegen Abzug für die Zukunft aus Mangel an Fuhren bis nach Roth zu liefern, von wo aus dann alles abgeholt werden könnte. Oberst Manteufel hatte aus Mangel an Fußvolk seinen Plan geändert und war wieder in die alten Quartiere von Sulzbach zurückmarschirt. Man konnte deßhalb in dem Augenblick Sperreuths Hülfe entbehren.

Kaum war Sperreuth in Weissenburg angekommen, so forderte am 8/18 September Achaz Kober in seinem Namen und auf dessen Befehl von der Regierung zu Ansbach einen Scharfrichter zur Hinrichtung einiger Gefangenen, besonders solcher, die durch Kundschaft und Anderes dem Feinde in der Festung Wülzburg allerlei Vorschub geleistet. Sperreuth wolle Anderen zum Beispiel die Justiz vorgehen lassen und zwar nächster Tage. Weil nun kein Scharfrichter in der Nähe — heißt es weiter — so möge die Regierung womöglich den Ansbacher mit seinen Instrumenten hinsenden und seine Abreise so einrichten, daß er morgen Abend in Weissenburg erscheine. Kober versprach Zahlung für die Vollstreckung des Urtheils. Die Regierung von Ansbach schickte wirklich am 9/19. Septbr. den Scharfrichter nach Weissenburg und gab ihm hiezu den nöthigen Paß.

Wenige Tage vor dieser blutigen That und ehe und bevor Sperreuth die Blockirung der Wülzburg begonnen, (10. Septbr. a. St.) forderte der kaiserliche Commissär Richter zu Wülzburg von den Einwohnern in Roth die ungesäumte Zahlung der seit dem Juni rückständigen Contribution von 800 Thalern für jeden Monat. Im widrigen Fall drohte Richter mit feindlicher Behandlung der den Räthen gehörigen Güter. Bürgermeister und Rath erwiederten, sie seien durch kaiserliche und schwedische Soldatesa rein ausgeplündert und verarmt. Sie baten deßhalb um Ermäßigung der unerschwinglichen Contribution und versprachen Alles zu thun, was möglich. Richter erwiederte ihnen am 13. a. St.: es thue ihm leid, daß sie in solchem bedrängten Zustande seien. „Gott geb" — lautet das Schreiben — „daß bald wie zu hoffen, besser werden; daß dieselben nicht reicher dadurch geworden, ist wohl zu glauben. Die Kriegsgebens leider nicht anders, und ist wohl wissend, daß dieselben um Defolvirung der Contribution angehalten, ich ihnen auf der Generalität Vertröstung gethan, dieweil ich aber eine Resolution nicht bekommen, habe ich demselben nicht anders wie befehlt schreiben können, wie darnach denen gebe zur Antwort soviel, daß sie sich der Schuldigkeit nach gleich einstellen wie die Ausstände vermögen. Wird etwas an der Lieferung mangeln, sollen sie das Vertrauen zu mir haben, daß ich das beste in Allem dabei thun will, im Widrigen werde ich aber nicht helfen können, denn ich scharfe Ordre bekommen und verbleib Euch zu dienen Gott mit uns Allen.

Um die Blockirung der Wülzburg ernstlich betreiben zu können verlangte Sperreuth von allen Aemtern und Ständen des Markgrafthums Ansbach so schnell wie möglich soviele Bauern oder andere zum Schanzen tüchtige Leute als sie aufbieten könnten mit Schanzzeug besonders mit Beilen, Pickeln, Reuthauen, dann Zimmerleute mit Halbbeilen, Maurer mit Zweispitzen und etlichen Heibeisen. Im Widersetzungsfall drohte er mit Klage am höheren Ort, die ihm wenig frommen, dem Fürstenthum aber zum großen Nachtheil gereichen möchte. Die Stellung solcher Arbeiter war aber mit großen Schwierigkeiten verbunden. So wollte kein Einwohner von Schwabach nach Weissenburg, obgleich der Rath jedem einen halben Thaler auf die Hand geben wollte.

Die Schwabacher wollten eher Leib und Leben wagen, ja selbst die Stadt meiden, indem bei der Belagerung von Weissenburg im Jahre 1632 der eingedrungene Feind mehrere von Schwabach dahin geschickte Bürger theils niedergemacht, theils gefangen weggeführt. Durch solches Unheil waren viele arme „auch vor den Häusern im Bettel herumgehende" Frauen und Kinder zu Wittwen und Waisen geworden. Man hatte auch in Weissenburg diese in dem Kampf gegen den Feind durch ihre Tapferkeit ausgezeichnete Bürger wie Hunde behandelt, ihnen nicht das liebe Brod und Brunnenwasser, dergleichen kein Obdach, ja kaum einen Stall und Stroh vergönnt. Das sei notorisch. So schreibt der Rath von Schwabach an die Regierung in Ansbach. Sie die Schwabacher könnten daher Weib und Kind nicht verlassen und mit Verletzung ihres Gewissens sie im Elend verschmachten lassen. Viele Bürger seien auch vom Feind gefangen und fortgeschleppt, nicht ausgelöst worden und gestorben. Rath und Bürgerschaft der „Hauptstadt Schwabach" fragten daher an, ob sie die zum Schanzen tauglichen Bürger, Einwohner, Zimmermeister und Maurer ernstlich und wenn es die Noth fordere in Band und Eisen nach Weissenburg sollten schaffen lassen, da in diesem vorzunehmenden Schanzwerk den nothleidenden evangelischen

Religionswesen zuvorderst aber dem hochlöblichen Fürstenthum Brandenburg viel gelegen! Am 16/26. Septbr. erwiederte die Regierung: sie habe mit großem Befremden
und gerechter Verwunderung den Ungehorsam und die Widerspenstigkeit der zum
Schwabacher Amt gehörigen Bürger und Bauern vernommen. Gleich wie die
Schwabacher jedes Mal etwas besonders haben und vor Andern übertragen sein
wollten, also legten sie auch ihre beharrliche Halsstörigkeit in diesem Fall desto mehr
an den Tag. Da sie jetzt aber nicht mit bewehrter Hand vor den Feind gehen
müßten und es nur Schanzen und Verhaue des Waldes betreffe, dieses Werk auch
dem ganzen evangelischen Wesen und dem Fürstenthum, folglich auch ihnen selbst
zum Besten gereiche, so hoffe sie die Regierung, die Schwabacher würden eines andern
sich besinnen. Sie übertrieben auch die bei der letzten Belagerung in Weißenburg
erlittene Behandlung: man habe sich ihrer angenommen so gut als man gekonnt
und die noch am Leben gewesen, mit 10 und 20 Reichsthaler ausgelöst. Da nun
Gefahr im Verzug, wie Oberst Sperreuth selbst schreibe, so solle der Rath bringende
Vorstellungen machen, seinen Bürgern den Schaden und die Gefahr militärischer
Execution zu Gemüthe führen; wollten sie dann noch nicht gehorchen, so soll der
Rath Ernst brauchen, ja selbst in Ketten und Springer schlagen lassen und sie mit
ihren Beilen, Pickeln und andern Instrumenten dem Oberst Sperreuth zuschicken,
da der Handel dort ohnehin nicht lange dauern würde.

Auch in Gunzenhausen mußte man Gewalt brauchen. Sperreuth hatte
auch die Beamten zu Gunzenhausen, Wernfels, Spalt und Klein-Abenberg zum
Unterhalt der angekommenen Regimenter aufgefordert. Er begehrte wöchentlich und
zwar jeden Montag die bestimmte Lieferung von 12000 ℔ Brod, den Laib zu 4 ℔.
und 42 Faß Bier zu 3 Eimern, diesen zu 3½ fl. gerechnet. ' Sperreuth
drohte dabei mit Execution. Der Amtmann zu Hohentrübingen, Kaspar von Blankenstein hatte 300 Bauern mit Beilen zc. zum Schanzen nach Weissenburg geschickt,
dem Oberst selbst aber 12 Ctr. Brod, 2 Fäßer Bier nebst einem guten Hirsch.

Von Schwabach erschien kein Mann wegen der schlechten Behandlung im
vorigen Jahr, die aber auch nach Robers Bericht von den Schwabachern übertrieben
geschildert wurde, da jeder Mann täglich 2 ℔. Brod und 2 Maaß Bier, auch etliche
Mal Fleisch, die Offiziere aber dasselbe Traktament wie die der Schweden bezogen.

Zum Glück dauerte die Blockirung von Wülzburg nur kurze Zeit. In der
Nacht vom 16/26. zum 17/27. Septbr. erhielt Sperreuth Befehl, sogleich mit seinem
Volk aufzubrechen, weil der Feind mit 12 Compagnieen zu Ingolstadt die Donau
passirt und noch 3000 zu Fuß bei sich habe. Sperreuth wollte in zwei Tagen
wieder zurück sein; aber nach seinem Abzug kam Befehl vom Feldmarschall Horn,
zwischen welchem und dem Herzog große Aemulation bestand, sich mit ihm zu
vereinigen.

Die Garnison in Wülzburg machte sogleich einen Ausfall, wurde aber zurückgetrieben. Die Besatzung dieser Festung war 300 Mann stark unter Commando des Hauptmann Fitsch. Es fehlte ihr nicht an Proviant.

Bei dem Aufbruch Sperreuths von Weissenburg blieb Laubenheims Reitercompagnie zu Heideck und eine andere in Eichstädt zurück, um die Festung täglich zu recognosciren.

Sperreuth, der unterdessen ungestraft die Umgegend von Augsburg heimgesucht, wurde sammt seiner Beute mit 10 Fähnlein Reiter und 1500 Mann zu Fuß in den Dörfern Kaufringen, Friedrichingen und Möringen am 23. Sptbr. — 3. Oktbr. — von Jean de Werth überfallen und beinahe gefangen. Er zog sich mit großem Verlust vieler Mannschaft und allen Gepäckes nach Weissenburg zurück, wo er mit Oberst Sablers Rossen und dem Steinau'schen Regiment am 27. Sptbr. — 7. Oktober — wieder ankam.

Die Besatzung von Wülzburg hatte Sperreuths Abmarsch benützt und am Tag vor seiner Rückkunft einen Ausfall gemacht. Sie trieb die ganze der Stadt Weissenburg gehörige 200 Schweine starke Heerde in die Festung und spannte 3 schöne Pferde aus. Etliche Bürger setzten ihnen nach, allein zu spät. Oberstlieutenant Gall in Weissenburg that nichts und die Einwohner brohten mit Klage bei Oxenstierna. Man schätzt den Schaden auf 1000 Thlr.

Auch im vorigen Jahr war den Weissenburgern die ganze Heerde Kühe von den Wülzburgern genommen worden, während Major Streitberg noch in Weissenburg lag.

Am 16 Oktober v. St. wiederholte der kaiserliche Kriegscommissär in der Festung Wülzburg Leopold Richter bei der Gemeinde Roth sein im Septbr. gestelltes Begehren wegen Zahlung der Contribution, da er von der Generalität den ernstlichsten Befehl habe, die Ungehorsamen mit Feuer und Schwert verfolgen zu lassen.

Hilpoltstein in der Pfalz und Heideck zahlten im Oktober nach Wülzburg die seit dem Mai rückständigen Contributionen.

Nach Kobers Meldung im Dezember nach Ansbach hatte Oberst Sperreuth Befehl, die Stadt Eichstädt auszuplündern und in Brand zu stecken. Die Bauern meldeten schon, es brenne dort. Auch Oberstlieutenant Rommel bereitete sich darauf vor.

Die kaiserliche Besatzung der Wülzburg begann aufs Neue zum Schrecken Weissenburgs und der Umgegend ihre Ausfälle. Am 21./31. Dezember fielen 15 Dragoner von der Feste aus und brannten Neuesmansberg im Amt Roth und das markgräfliche Dorf Mannholz ab. Am 25. Dezbr. 1633 — 4. Januar 1634 — machten sie wieder einen Ausfall, steckten Thalmessingen und Reinhartshofen an. Sperreuth versprach mit seinem in Weissenburg liegenden Kriegsvolk den Wülzburgern

ble Ausfälle zu vertreten. Auch das Dorf Wernbach hatten sie in Brand gesteckt. Es fehlte Sperreuth aber immer Proviant. Dinkelsbühl sollte solchen liefern, weigerte sich aber dessen.

Die bedrängten Weissenburger setzten nun ihre Hoffnung auf das Jahr 1634.

Schon im Januar war die Festung von neuem durch das Sperreuth'sche Volk blokirt und man hoffte mit großer Zuversicht auf deren baldige Eroberung.

Man bat Nürnberg um Unterstützung mit Volk und Proviant. Dem Herzog Ernst von Sachsen wurde es ans Herz gelegt, die Blockirung seinem Bruder Herzog Bernhardt zu empfehlen. Weissenburg, dem Alles an der Einnahme der Festung gelegen, that das Mögliche. Der Mangel an Proviant hinderte aber wieder alles kräftige Vorgehen.

Weissenburg blieb von allen umliegenden Ortschaften verlassen, war selbst erschöpft, von Ansbach kam nur spärliche Hülfe.

Der Rath der Stadt und Oberstlieutenant Hans von Streitberg wandten sich wieder an Nürnberg, allein weil man dort glaubte, von Würzburg käme das nöthige, gab dieß nur 50 Simra Mehl. Würzburg verlangte zwar von dem Grafen Solms Getraid und Geld für die Truppen zu Weissenburg — es kam kein's von beiden. Weissenburg hoffte nun noch, der in Würzburg versammelte Kreistag werde helfen, bat Nürnberg um seine Vertretung dort, da es nicht die Mittel, sich selbst dort zu vertreten.

Der Rath behauptete, man brauche zudem noch 500 Mann und zur Vertheidigung von Weissenburg selbst die Erbauung von drei großen Schanzen.

Auch über den Schwäbischen Kreis wurde wegen seiner Theilnahmlosigkeit Klage geführt.

Während einer Abwesenheit des Oberstlieutenant Rommel hatten die Wülzburger einen unvorhergesehenen Ausfall gemacht und einen Kapitain auf der Wache vor dem Schloße erwischt, mit welchem sie sogleich nach der Festung geeilt sind.

Indessen hatte Rommel die Blokade von Wülzburg mit großem Eifer und Ernst begonnen. Er hatte durch seine Kundschafter erfahren, daß wenn die Blokade vier Wochen lang ohne Unterbrechung fortgesetzt und die Soldateska soweit verstärkt werden könnte, daß der Feind per forza innerhalb dieser Zeit die Festung nicht verproviantiren könne, so zu hoffen sei, sie zur Uebergabe zu zwingen.

Man wandte sich wieder an Nürnberg um allseitige Vertretung, da jetzt die ganze Wohlfahrt auf dem Spiele stehe, Rommel es gut mit Weissenburg meine, Ruhm und Lob für das evangelische Wesen werde nicht ausbleiben.

Weissenburg erbot sich nach vollendetem Werke Alles wieder ins' Zeughaus nach Nürnberg zu liefern. Dort wurde nun dem Gesuch willfahrt.

Rommel hatte sich zu gleicher Zeit an die Regierung nach Ansbach gewendet. Nach seiner Meinung hätte die Garnison in Wülzburg nicht über 14 Tage Proviant, da er ihr vor etlichen Tagen den von Ingolstadt zugeschickten abgefangen; auch trat Mangel an Wasser und Holz ein.

Rommel that den Wülzburgern auch allen Abbruch durch Verhauung des Waldes.

Da aber Ansbach die verlangten Werkzeuge nicht hatte, so wandte sich Solms wieder an Nürnberg, das aber erst ausgeholfen hatte. Herzog Bernhardt in Regensburg schickte ungesäumt dem Commandanten in Weissenburg auf dessen Bericht über die Blockirung sein Regiment zu Pferd mit den Dragonern des Kapitains Grone als Verstärkung und wollte noch 400 Dragoner nachfolgen lassen.

Rommel wurde zugleich angewiesen auf keinen Fall die Blockade der Veste aufzugeben und Niemand als ihm dem Herzog wegen des Abzugs zu pariren. Dieß wurde Nürnberg mitgetheilt, 200 Musketen von dort verlangt und da der Verbrauch an Pulver und Lunten täglich stark, auch solches.

Eine Armee von vielen 1000 Mann, hieß es — werde später die Eroberung nicht bezwecken; es gelte also jetzt!

Weissenburg mußte dem ungeachtet seinen alten Bittgang antreten, nach Würzburg, nach Ansbach, dem es die Festung zu danken hatte, zu Horn nach Ravensburg, nach Nördlingen.

Während sich so auf Schwedischer Seite vergeblich bemüht wurde die Blockade-Truppe mit dem nöthigen Proviant zu versehen, gelang es den Kaiserlichen die Besatzung von Wülzburg mit frischem Mundvorrath wieder zu stärken, an welchem bereits Mangel eingetreten war. Es war nur auf wenig Wochen Brod und Korn darinnen mehr übrig, dazu sie aber sonsten im geringsten nichts, auch keinen Wein mehr hatten.

Deshalb hat Herzog Bernhardt und um die Verproviantirung des Platzes zu verhindern und solchen endlich zur Uebergabe, so durch andere Mittel nicht zu erlangen, zu zwingen, den Landgrafen Johann von Hessen mit etlichem Volk als dessen eigenem und dem Leibregiment zu Pferde, den Dragonern, theils commandirten Musketieren aus Neumarkt und Kehlheim unterm Obristen Goßwart der Orten hingesandt.

Am 3/13. Februar erschienen die Kaiserlichen in aller Frühe mit einer bedeutenden Anzahl von Reitern und Fußvolk in der Nähe der Festung, ließen durch 300 Bauern den verhauenen Wald öffnen und nachdem sie 30 Mann der Schwedischen Wachen „aufgeschlagen", glückte es, die Garnison auf 15 beladenen Wagen mit Mehl zu verproviantiren.

Der Landgraf hatte inzwischen seine Truppen aus Eichstädtischem Gebiete zusammengezogen, um das bayerische Volk auf seinem Rückmarsch aufzuheben. Sobalb baher die Nachricht von der Ankunft der Bayer'schen nach Weissenburg kam, setzte der Landgraf mit dem Sperreuth'schen Oberstlieutenant Rommel und 700 Pferden dem Feinde nach, ereilte ihn eine Meile von der Stadt, wo es zum Schar= mützel kam. Die Kaiserlichen wurden von allen Arten gepackt, waren in eine Falle gerathen. Von des Feindes Dragoner und Fußvolk wurden über 300 niederge= macht, die von der Wahlstatt bis nach Eichstätt den Boden bedeckten. 700 Gefangene wurden nach Weissenburg gebracht, darunter viele vornehme Offiziere, besonders Oberst Schnetter, Commandant von Ingolstadt und Oberst Haßlang. Zwei Stück Geschütze und vier Standarten wurden erobert.

Der Rath von Weissenburg berichtete sogleich nach Nürnberg über diese herrliche und wunderbare Viktoria. Der Feind könne von dem neuen Proviant nur kurze Zeit leben. Man hoffe, die Veste zu erobern und noch anderer Orte Herr zu werden. Ein schwer verwundeter Gefangener, Georg Mußmacher von Ostheim im Coburgischen sagte aus:

Der Anschlag sei dieses Mal nach Eichstädt gerichtet gewesen, die man be= lagern und womöglich einnehmen wollte.

Oberst Haßlang nahm deshalb mit dem Volke und zwei Stücken seinen Marsch dorthin, stieß unterwegs auf einen Trupp Schwedischen Volkes, das meist niedergemacht wurde. Weil aber Haßlang nicht genug Fußvolk bei sich hatte, zog er mit dem Volke nach Damelsdorf, wo er zwei Tage liegen blieb. Da kamen von Ingolstadt 30 mit Proviant beladene Wagen unter einer Bedeckung von 400 Mus= ketieren, worauf nun das ganze Kriegsvolk seinen Marsch nach Wülzburg antrat. Mit Hülfe von 300 Eichstädtlischen Bauern und Bürgern, worunter 200 mit Ober= und Seitengewehr, eröffneten die Kaiserlichen den Wald, räumten alle Hindernisse weg, bahnten sich den Weg und brachten das Mehl und allen bei sich führenden Proviant glücklich in die Festung. Nach vollständig erreichtem Zweck traten die Kaiserlichen ihren Rückmarsch nach Eichstädt an, wohin der Quartiermeister schon voraus geeilt war. Jean de Werth sollte mit 2000 Mann bei Landshut die Isar passiren, um das Schwedische Volk zu allarmiren, eine Diversion zu Haßlangs Gunsten machen und der Schwedischen Aufmerksamkeit von diesem ab dagegen auf sich wenden. Das Kaiserliche Volk bestand in 16 und 18 Truppen Reiter, jede zu 100 Mann, und aus 1500 Mann aus allen Regimentern zusammengesetzten Fußvolk. Die ganze zu dieser Expedition bestimmte Soldateska war von der Waldstein'schen, Albringer= schen und Bayerischen Armee commandirt worden, sowie vom Haßlangschen, Rheinach= schen, Schnetterschen und Ruppschen Regiment.

Ein weiterer Bericht von Weissenburg stellte den Sieg noch größer:

Achthundert, darunter die beiden Obersten Schnetter und Haßlang, 40 Offi= ziere verschiedenen Ranges waren als Gefangene nach Weissenburg gebracht worden, ohne jene, welche das schwedisch verbündete Volk und Offiziere an Gefangenen zu sich genommen, die 300 Mann betrugen. Wäre der Anschlag gelungen, so hatte der Feind die Absicht in 14 Tagen mit noch einmal so starkem aus allen Regimentern commandirten Volke geradezu auf Weissenburg loszugehen, mit Stücken diesen Ort zu erobern, Alles niederzumachen und ihn zu demoliren.

Oberst Sperreuth setzte das „Blockament" fort, weil Rommel zu Herzog Bernhardt verreist war.

Den Einwohnern Weissenburgs — so schließt der Bericht — gehe es beinahe an das Leben, doch wollten sie es an nichts fehlen lassen, denn sie seien entschlossen, Stumpf und Stiel vollends daran zu setzen, wenn sie nur den Trost hätten, daß man sie mit dem Unterhalt nicht stecken lasse.

Es wurden wieder die alten Bitten gestellt, die Nürnberg dieses Mal nicht erfüllen konnte, doch sich weiter verwendete.

Der Landgraf von Hessen wendete sich nun gegen Eichstädt und die Willibaldsburg, um wenigstens die Verbindung mit Wülzburg zu unterbrechen.

Am 18/28. Februar fiel die Garnison von Wülzburg abermals mit 200 Mann aus auf Sperreuths beim Bronnen haltende Wache. Drei davon wurden getödtet und vier gefangen, dagegen wurden auch einige der Besatzung niedergemacht und der Hofmeister des Hauptmann Getz mit zwei andern gefangen.

Sperreuth bat nun den Grafen Solms um ein Paar Löhnungen, da er an das Markgrafenthum gewiesen, seine Soldaten nur mit Wasser und Brod gespeiset würden und keine Löhnung erhielten. Sie fingen auch schon an wegzulaufen.

Sperreuth meldete auch dem Grafen, er habe bereits vom Herzog Befehl erhalten, aus Mangel an Lebensmitteln die Blockade von Wülzburg aufzuheben.

Nach erhaltener abschlägiger Antwort verließ Sperreuth in der That den 22. Februar — 4. März — 1634 die Stadt Weissenburg und marschirte nach Altenmuhr bei Gunzenhausen.

Sperreuth meldete dem Grafen seinen Abzug und sagte, seine Soldaten seien so verhungert, daß sie sogar in die Festung desertirten.

Weissenburg suchte nochmals aller Orten Hülfe, aber vergebens.

Von einer weiteren Blockirung der Festung war keine Rede mehr; sie blieb in den Händen der Kaiserlichen.

Die Umgegend war auf's Neue den Streifzügen der Besatzung in Wülzburg offen.

In Weissenburg war noch Hans von Streitberg.

Welche große Bedeutung die Festung Wülzburg bei der damaligen Art der Kriegsführung und nach ihrer Lage für beide Theile hatte, zeigen die Anstrengungen, welche auf beiden Seiten gemacht wurden, sie zu nehmen, sie zu halten.

Bei allem Glück das sie nach Außen hatte, traf sie aber am 11. Oktober 1634 Abends um halb sechs Uhr das Unglück, daß unversehens ein Feuer ausbrach und zwar in des Commandanten Quartier, das den ganzen inneren schloßartigen Hauptbau in Asche legte.

Es verbrannte mit der Proviant und konnte der Pulverthurm mit dem Thor nur kümmerlich errettet werden, so daß damals wie Chemnitz anführt — ein recht Tempo, solchen Ort zu erobern, gewesen wäre, wenn der Evangelische Staat wie vordem noch in gutem Esse sich befunden. Jetzt aber war er von keiner Consideration; Also daß auch die benachbarte Stadt Weissenburg einige Erleichterung der angestellten Bloquade nicht empfunden.

Die Stellung der Festung nach Außen blieb die Alte.

Als eine bedeutende Persönlichkeit tritt für jene Zeit und seine Stellung der Wülzburg'sche Verwalter im Clösterlein zu Weissenburg, Achanz Kober hervor, der allseitiges Vertrauen genossen und überall rühmlich vorgegangen zu sein scheint. Er ist unter den Geißeln, welche von Weissenburg weggeschleppt wurden; er ist es, der für die Blokade von Wülzburg allerorts Hand und Fuß rührte, mit den Commandanten zu Weissenburg, Sperreuth, Rommel, Hans von Streitberg auf gutem Fuß steht, bald in Pappenheim bei Horn, bald in Donauwörth bei Herzog Bernhardt ist und einschlägig an die Regierung in Ansbach und an die Markgräfin selbst berichtet.

Er muß ein ganzer Mann gewesen sein, dem das Herz für seine Sache auf dem rechten Fleck gesessen.

Weissenburg hatte am 24. Januar 1647 nochmals eine Eroberung auszustehen. Es war damals mit einem Schwedischen Regiment unter dem Oberstlieutenant Adam Weyern besetzt.

Die Kaiserlichen hatten während der Belagerung mit Einwerfung vieler Granaten, Feuer-Ballen, glühenden Kugeln an Häusern und Städeln großen Schaden zugefügt.

Was die ganze Umgegend in jener Zeit gelitten, zeigt einfach was Caupert über den 8. Pfarrer, Phil. Jakob Süß zu Weißboldshausen und dessen Aufenthalt daselbst von 1631—1641 schreibt.

Fast alle Ortschaften — heißt es — waren entvölkert, die Häuser ausgeplündert und auf den Aeckern war um das Jahr 1640 das Holz angeflogen und stand an manchen Stellen 3—4 Ellen hoch. Die feindlichen Soldaten raubten nicht blos die Pfarr- und Bauernhäuser aus, führten Pferde und Rindvieh weg, sondern sie mähten auch die Saaten und fütterten damit ihre Pferde.

Niemand war vor ihnen seines Lebens sicher. Als im Jahr 1632 der Pfarrer Johann Heinrich Clausdorfer von Höttingen nach Weissenburg sich flüchten wollte, wurden ihm außerhalb der Stadt durch eine Stückkugel von der Wülzburg die beiden Füße weggerissen. Auf sein Jammergeschrei wurde er gegen Abend von mitleidigen Bürgern in die Stadt getragen, wo er bald starb.

Süß mußte 1638—39 die Pfarreien Weihboldshaussen, Höttingen, Hürlbach und Ettenstadt verwalten. Ein Verzeichniß seiner Besoldung zeigt die Armuth der dermaligen Zeit. Hieß es im Volksmund:

Der Schwed ist kommen —
Hat Alles mitg'nommen —
Die Fenster eing'schlagen —
Das Blei davontragen
Und Kugeln draus gossen
Und Bauern erschossen —

so wurden die Schweden — meistens nur dem Namen nach — von den Kaiserlichen fast noch übertroffen.

Von Soden bringt eine Erzählung des Pfarrers zu Wettelsheim Johann Nürnberger, welche jener des Pfarrer Süß nicht nachsteht.

7000 Reiter — erzählt er — kamen auf einmal und übernachteten dort in den Scheunen und Häusern. Sie hausten so unmenschlich und unchristlich, daß es nicht zu schildern — schlugen die Wände hinaus, verbrannten Tische, Stühle, Bänke, Bettstellen und nahmen Alles mit, was vor dem Feind bis jetzt noch kümmerlich erhalten worden. Als die Reiter abmarschirt, fielen die Musketiere ein und verheerten noch alles Uebrige. Dreißig Manns- und Weibspersonen schleppten sie mit fort; sie mußten die geraubten Sachen tragen. Den Zimmermeister Hans Biber schleppten sie mit auf das Hirschfeld, banden ihn an eine Fichte und prügelten ihn eine Stunde lang, weil er ihnen keine Pferde oder Kühe zeigen konnte. Vier Personen trugen ihn wieder herein nach Wettelsheim, wo er am Abend starb. Dem Pfarrer nahmen die Schweden Hut, Wams, wollne Hemb und Schuhe. Er war so entblößt, daß er nicht mußte, wie er sich wieder kleiden sollte. Die Schweden sagten ausdrücklich: wenn keine Bauern mehr wären, so werde es auch keinen Krieg mehr geben. Die Schweden hausten in Wettelsheim ärger als Türken und Moskowiter. Sie rattelten die Leute, gossen ihnen kaltes und warmes Wasser ein, legten ihnen Daumenschrauben an. Aus der Kirche raubten sie den Kelch, den Chorrock und schwarzen Pfarrmantel.

Leider sah es damals auch anderwärts in Deutschland nicht besser aus. Es war auf eine furchtbare Weise verwüstet und verarmt und für lange Zeiten der Grund gelegt zu seiner politischen Ohnmacht.

Die Festung Wülzburg wurde dem Markgrafen erst nach dem westphälischen Frieden am 30. September 1649 zurückgegeben.

Stieber sagt hierüber:

Die dasige kaiserliche Besatzung war nicht nur dem hochfürstlichen Haus, welche solche unterhalten mußte, sondern auch dem umliegenden flachen Land durch beständige Streifereien zur größten Last, und obwohl hochfürstlich Brandenburgischer Seits bei allen Reichs= und Kreistägen, und andern Gelegenheiten deren Abführung eifrigst und ohne Unterlaß betrieben wurde, so konnte doch nichts erhalten werden, bis endlich bei dem im Jahre 1648 zu Münster und Osnabrück zu Stande gekommenen sogenannten Westphälischen Friedens = Schluß in denen darüber errichteten Friedens=Instrumente und zwar in dem Münsterischen Art. V. 29, dann dem osnabrück'schen Art IV. 23 die Abtretung derselben an das hochfürstl. Haus in demjenigen Stand, in welchem solche vor der Uebergabe sich befunden, festgesetzt wurde, welcher letztere Punkt aber so genau nicht erfüllet worden, inmassen die Restitution des während der Inhabung der kaiserlichen Besatzung von da hinweg geführten verschiedenen Kanonen bishero noch nicht erfolgt, wie denn auch die wirkliche Evacuirung des Platzes sich annoch bis auf den 30. September des Jahres 1649 verzogen, in welchem endlich, auf die von dem Kaiserl. Generallieutenant Octavio Picolomini, Herzogen von Amalfi, an den Commandanten Heinrich von Blire ergangene Ordre, der Abzug der Garnison und Einräumung desselben in Gegenwart Kaiserlicher und fürstl. Brandenburgischen Commissorien erfolgte.

Heinrich von Blire, Obrist, war nach Pappenheim, Ensher, Fitsch und Hauptmann Joh. Eberhardt, Holdermann von Holderstein, der fünfte kaiserliche und churbayerische Commandant auf der Festung gewesen.

Wie die Festung nach dem Brande ausgesehen, ergibt anliegende Abbildung von 1649, dessen Original sich im germanischen Museum zu Nürnberg befindet.

Markgraf war damals Albert, der das Mögliche that, dem so arg verwüsteten Land wieder aufzuhelfen.

Im folgte Johann Friedrich im Jahr 1667, der 1686 starb.

Dann kam Georg Friedrich der bei Schmittmühl 1703 fiel und an dessen Stelle Wilhelm Friedrich zur Regierung kam.

Dieser starb 1723 und seine Wittwe Christine Charlotte regierte während der Minderjährigkeit des Sohnes Karl Friedrich Wilhelm bis 1729 vortrefflich.

Mit Karl Alexander dem Nachfolger, schließt das markgräfliche Regiment 1791 ab.

Es trat nun unter den nachfolgenden Ansbach'schen Commandanten für die Festung eine ruhigere, ereignißlosere Zeit ein; die Trommel vertrat die Uhr und nur der An= und Zuruf der Wachen unterbrach die nächtliche Ruhe.

Solche Commandanten waren nach Stieber:

1650 Samuel Gärtner, Hauptmann —
1660 Johann Esser, Hauptmann —
1664 Georg Christoph Rübenstein, Hauptmann —
1674 Eustachius Flemming auf Marleuten und Böcke, Oberstlieutenant —
1681 Karl von Rehbach auf Metterndorf, Rath —
1695 Johann Philipp von Seckendorf, Obrist —
1701 Christoph Friedrich von Zastrov, Obrist —
1720 Johann Jakob Kusterer, Platzmajor und Vice-Commandant —
1723 Johann Heinrich von Hirschligau, Generalmajor —
1723 August Friedrich von Pöllnitz, Generalmajor —
1753 Johann Christian Ernst Hofer von Lobenstein, Kammerherr und Oberstl. —
1780 Friederich von Plotho, geh. Rath und Obrist.

Es ist diese Zusammenstellung der Commandanten aber nicht ganz richtig, denn z. B. Samuel Gärtner war nicht Commandant von 1650 bis 1660 sondern bis 1662, wie ältern Akten hier zu ersehen und wie auch ein im Glockenthurm eingemauerter Stein zeigt, auf dem zu lesen:

„Samuel Gärtner,
Hauptmann
1662.“

Es ist dieß das Jahr, in welchem der 1634 ausgebrannte Schloßbau wieder aufgebaut wurde.

Nach 1662 kam Gärtner als neuernannter Commandant nach Ansbach und sein Nachfolger war erst da Johann Esser.

Die Einförmigkeit des Festungslebens erfuhr aber in späterer Zeit doch eine, wenn auch traurige Unterbrechung und zwar hauptsächlich unter der Regierung des Markgrafen Karl Friederich Wilhelm und dessen Commandanten ꝛc. von Pöllnitz, wo die Veste Wülzburg als Ansbacher Bastille diente.

Der Jahresbericht des historischen Vereins des Rezatkreises von 1832 gibt dafür sprechendes Zeugniß, wenn es da heißt:

Gegen 1737 wurde Generalsuperintendent Händel lebenslänglich auf die Veste Wülzburg gebracht. Zuerst zum Tode verurtheilt, dann zur lebenslänglichen Gefangenschaft begnadigt, weil er als der Beichtvater des Markgrafen in öffentlichen Schriften und auf der Kanzel gegen den Markgrafen loszog.

Am 20. Februar 1752 wurde Ignaz Anton Huber aus Regensburg, der sich seit 1750 als angeblicher Graf Managetta von Leschenau am Ansbachischen Hofe herumtrieb, endlich entlarvt und gebrandmarkt nach Wülzburg abgeliefert.

6

Wurde Jud Rieb Haßlein wegen vieler Betrügereien, so er an Markgrafen und dessen Hofe verübt, nach Wülzburg geschleppt nur nach kurzem Verhör und Umständen in einen großen Saal gebracht und dem Scharfrichter übergeben, der ihn auf den nächsten besten Stuhl festband und dann eben das Schwert über ihn schwingen wollte, als der Gefangene mit samt dem angebundenen Stuhl sich aufraffte und um eine lange Tafel laufend und um Gotteswillen nur um eine Minute Gehör beim Markgrafen hülfeschreiend — dem Todesstreich entrinnen wollte, der ihm aber doch vom Scharfrichter über die Tafel hinüber beigebracht wurde.

Allein nicht blos jüdische Opfer fielen zur selben Zeit, sondern sogar Große des Hofes. Nicht nur ein Oberst Enzel zu Wülzburg wurde daselbst 1740 wegen gewisser Staatsverbrechen, sie sind nicht genannt, durch das Schwert hingerichtet, sondern auch kurz darauf ein Graf von Schaumburg. Es scheint, daß sich dieß auf unerlaubte Communicationes und Einverständnisse mit den damaligen Oesterreichischen und Preußischen Verhältnissen bezogen.

Christoph Wilhelm von Rauber wurde beschuldigt, famose Gemälde und Pasquille wider die landesfürstliche Regierung und Rathscollegien angeschlagen zu haben. Durch den Inquisitionsrath Joh. Ch. Schnitzlein wurde ihm auf der Veste Wülzburg, wo er verhaftet lag, in Gegenwart mehrerer Ober= und Unteroffiziere und Konstabler das Urtheil vom 30. Mai 1740 dahin verkündet, daß er sich selbst freiwillig (was außerdem durch den Scharfrichter vollzogen werden sollte) auf das Maul zu schlagen habe, seine Pasquille unter seinen Augen vom Scharfrichter zu verbrennen seien, er selbst aber hierauf mit dem Schwert hingerichtet werden solle, welches letztere jedoch der Markgraf in eine ewige Gefangenschaft zu Wülzburg verwandelte.

Die Ordres zu allen diesen blutigen Exekutionen ergingen immer an den geheimen Rath, Generalmajor und Festungscommandanten von Pöllnitz.

Soweit der Jahresbericht.

Das alte Wülzburger Pfarrbuch enthält in seinem Sterberegister von 1734 bezüglich des ꝛc. Händel nachstehende Aufzeichnung des damaligen Pfarrers Andreas Christoph Haßlach:

Christoph Christian Händel starb selig in seinem Gefängniß an der Podagra, chiragra, passione Schiatica Freitag den 30. Juli früh um 7 Uhr, und wurde Montags darauf als den 2. August früh um 4 Uhr nach eingeholtem gnäd. Geheim. Befehl unter meiner Begleitung nach gesprochenem Gebet christlich und ehrlich beerdigt, alt 63 Jahr.

Im Jahre 1763 schreibt Pfarrer Joh. Wilhelm Friederich Graner ein:

Christoph Wilhelm Rauber, Baron von Plankenstein, Carlstetten, Werneck

und Krautberg, welcher sich seit 1740 den 17. September als Staatsgefangener allhier befand, ist in der Nacht zwischen dem 29. und 30. Juni verstorben und Krafft
einer von einer Löbl. Commandantschaft schriftlich zum Pfarramt communicirten und
in der Registratur befindlichen mündlichen Ordre Serenissimi den 1. Juli Nachmittags mit Gesang und Klang von 6 Kehler Taglöhnern auf den Kirchhof getragen
und daselbst mittelst einer kurzen Standrede über Elebr. X 38. 39 begraben worden.
Alt 78 Jahre 8 Monate 26 Tage.

NB. Er war Papistisch geboren, in Ansbachischen Diensten Lutherisch worden,
hierauf fing er an, beinahe alle Religionen und ihre Lehren zu verwerfen und sich
ein eignes aber schlimmes Religions-Gebäude so hartnäckig in den Kopf zu setzen,
daß er alle Bemühungen der hiesigen Geistlichen, die er ohnehin haßte und schriftlich
und mündlich durchhechelte, fruchtlos abgehen ließ. Kurz vor seiner Krankheit,
welche den 2. Juni erfolgte, bekannte er sich zur reformirten Lehre. Ich erbot mich,
ihn entweder ex officio, oder wenn er dazu disponirt werden könnte, mit seiner
Bewilligung heimzusuchen. Einmal wurde er auch soweit gebracht, daß er mich zu
sich kommen ließ. Aber meine Vorstellungen, welche er zwar mit größerer Gelassen-
heit als sonsten annahm, waren vergeblich, er erklärte, er werde nicht Lutherisch, er
sei reformirt, aber nicht in allen Stücken sondern ein eclecticus und habe fidem
implicitam. Oefter konnte ich nicht zu ihm kommen, er blieb Tag und Nacht
allein, ohne Wärter und Licht, und ließ sich öfters von denen, die nach ihm sehen
mußten, im Gebet antreffen, wie er denn auch billigere Reden als ehedessen von sich
hören ließ und in dieser Verfassung wurde er endlich den 30. Juni ohne die ganze
Zeit seines Hierseins seit Ao. 1741 den 27. Septbr. (nisi fallor) communicirt zu
haben, zu früh todt angetroffen. Die Begräbnißrede und Lieder wurden daher nach
den ersterzählten Umständen eingerichtet. Wir wünschen, daß sich Gott seiner in
Gnaden erbarmt habe, unsere Gemeine aber mit Leuten, die sich dem Gehorsam seines
seligmachenden Wortes entziehen, hinführo verschonen möge. Die Gebühren sind von
einer Löblichen Bauschreiberei entrichtet worden.

Die Einzeichnungen des Vorgehers im Pfarramt schließen:

„Maria Ursula, des hiesigen Profosen Johann Georg Weidners Ehefrau
ist den 23. September zu Abend gegen 7 Uhr an einer Auszehrung selig verstorben
und den 26. ejusd. mittelst einer Predigt über den ausgebetteten Text Joh. XVI.
33. christlich und ehrlich beerdigt worden. Alt 30 Jahr.

NB. Sie sollte auf herrschaftl. Befehl von 4 Amtsknechten getragen werden,
weil aber der Weimersheimer ausblieb, mußte der Wittwer mittragen.

Was nun die Geschichte und Gefangenschaft des rc. Händel auf der Wülzburg betrifft, welche ihrer Zeit durch alle Lande ging, so ließ der Markgraf im Jahre
1720 eine aus den Akten gezogene Nachricht in abgeurtheilter peinlicher Inquisitions-

Sache Christoph Christian Händels, ehemaligen hochf. Brandenburg-Onolzbach. General-Superintendenten drucken, in welcher zu zeigen gesucht wird.

„welcher gestalten gedachter Händel nicht nur von 28 Scriptis, criminosis, injuriosis et seditiosis entweder selbst Author seie, oder doch selbige zum Druck befördert, sich zugeeignet und theils unter falscher Handschrift und Pettschaft divulgirt habe; sondern auch sich wider das hochf. Haus Brandenburg-Onolzbach einen gefährlichen Anhang inner und außer Landes machen, seine Wacht zum Eidbruch und Desertion verleiten wollen; Nicht weniger allerhand böse Griffe zur Ausbringung einiger ihm favorabler Universitäts-Bedenken gebraucht; zu höchstern. Ihro hochfürstl. Durchl. falsche Schuldforderung formiret. Bei seiner Vocation zur General-Superintendentur und sonst ohnerträglichen Ehr- und Geld-Geiz erzeiget; Seine vormaligen Beichtkinder wie bei niemand anders zu beichten intimidirt, sich wider das sechste Gebot sehr vergangen: Falschheit und Betrug in allen seinen Actionen vorbringen lassen: die ohnerfindlichsten Dinge und leichtfertigsten Thaten mit höchst erstaunlichem Mißbrauch Göttlichen Worts und Namens durchbringen wollen 2c., sich mithin schon längstens nicht nur realer Anstöße, sondern auch exemplarischer Strafen schuldig gemacht habe —

Und wie dahingegen

An Seiten Ihrer hochf. Durchl. bei Abschlagung der Commission, Veränderung des Beichtstuhls und sein Händels Remotion nicht nur alle durch ohnpartheiische Universitäts-Collegia approbirte Behutsamkeit, sondern auch in dem Inquisitions-Proceß eine vollkommene Legalität gebrauchet und dessen ohngeachtet ihm Händel die Todesstraf oder wenigstens das ewige Gefängniß durch unpartheiische Juristen-Collegia zuerkannt worden sei.

Es sind dieser Rechtfertigungsschrift noch sechs Responsa sowohl theologischer als juristischer Facultäten beigelegt über und für die Freiheit jedes Christen und jedes der Augsburgischen Confession zugethanen Reichsfürsten in der Wahl und Aenderung seines Beichtvaters.

Der Inhalt dieser 219 Seiten in Großfolio langen Denkschrift rechtfertigt nach den Anschauungen und Gesetzen seiner Zeit den Titel und geht Händel daraus allerdings als ein scheinheiliger, rechthaberischer, ehr- und goldgieriger, aber auch schlauer und schriftgewandter Mann hervor, bei dem sich das alte Sprüchwort bewährte: Hochmuth kommt vor dem Fall.

Es war ihm bevor man ihm den Proceß machte, noch das Dekanat Schwabach mit Beibehaltung der Generalsuperintendentur angetragen worden, was er aber ablehnte.

Das Responsum der Juristen-Facultät der K. preußischen Universität Halle vom Dezember 1718 lautet:

daß der Inquisit Dr. Händel wegen seiner vielseitigen schweren Verbrechen nach vorgegangener gewöhnlicher Degradation nach Anweisung des strengen peinlichen Rechts mit dem Schwert vom Leben zum Tode zu bringen, und die von ihm gemachte und edirte oder auch nur diffaminirte Pasquillen und Schmähschriften öffentlich durch den Büttel zu verbrennen; es ist auch Inquisit die sowohl auf seine Verpflegung als Inquisition und Bestrafung verwandte Unkosten aus seinen bereitesten Gütern zu erstatten schuldig; es wollen dann S. hochf. Durchl. ihnen Gnade erweisen, so ist er alsdann nichts destoweniger mit ewiger Gefängniß nicht unbillig zu belegen und darin mit nothbürftiger und geringer Alimentation aus seinen eigenen Gütern zu unterhalten.

Die Rationes decidendi sind mit großer Gelehrsamkeit und außerordentlichem Fleiß zusammengestellt.

Das Responsum der Juristen-Facultät der Herzogl. Sächsischen Universität Jena vom April 1719 sagt:

Daß ermeldter Dr. Händel, wegen der wider des Hochf. Markgrafens zu Brandenburg ausgestreuten Schmäh- und Lästerschriften, wodurch er dieselbe an dero fürstl. Hoheit, sowohl auch Person, Ehre und Regierung freventlich angetastet, und als einen ungerechten, tyrannischen Fürsten in viele Wege zu diffamiren gesucht, mit ewigem Gefängniß, worin dessen nothbürftige Verpflegung aus seinen eigenen Mitteln zu nehmen, nicht unbillig zu belegen; auch ist derselbe die bisher verursachte, durch eigene Schuld gehäufte Unkosten zu erstatten pflichtig. Angeregte Schmähschriften aber werden zu deren Abolution und andere solche nicht zu begen, zur Warnung durch den Scharfrichter öffentlich verbrennet. Von Rechtswegen 2c.

Auch hier sind alle Rationes dubitandi, decidendi und respondendi auf das sorgfältigste ausgearbeitet.

Wie Dr. Händel sein Vorgehen gegen den Markgrafen auch in ein poetisches Gewand hüllte, zeigen folgende Verse aus einigen seiner Lieder:

Man hat mich erstlich ausgetrieben
Mit vieler Ungerechtigkeit,
Dann hat man wider Gott geschrieben
Mit äußerster Vermessenheit.
Drauf hat man gar mein Weib erschlagen,
Nun da ich nach der Schuld muß fragen:
Verstummt der Feind und ruft Geduld,
Der Fürst allein hat alle Schuld.

Was ist verfluchter in der Welt,
Als Gottes Wort verachten?
Wer ist der, der Soldaten hält,
Die Gottesfurcht zu schlachten,
Mein Markgraf ist es, der mich drückt
Und wider Gott Dragoner schickt,
Das wirst du Herr wohl finden.

Bin ich nun aber von Verbrechen
Von vorgerückten Anstoß frei,
So muß Gott endlich für mich sprechen,
Und weisen, daß er Richter sei,
Denn wird es ungerechten Fürsten
Nach meinem kleinen Finger
einem Tropfen Wasser dürsten
Die ihme seine
Die ihre matte Zunge kühlt
Wenn sie der Flamme Hitze
die Pein der Flamme fühlt.

Die Wahrheit Gottes zu besiegen
Sind alle Fürsten viel zu klein,
Hier mußt du Markgraf unterliegen,
Sonst könnte Gott nicht Gott mehr sein:
Drum sei Dir mein und Rahels Leben ,
Auf Deine Seele hingegeben.
Gott weckt nach dieser Zeiten Lauf
Dich, mich und Rahel wieder auf.

Ihm scheut sich Tiezmann nicht zu geben
Des Mittlers Jesu Leib und Blut,
Der Miethling heißt den Tod das Leben,
Die Lügen Wahrheit, böses Gut,
Des Teufels Unflat reine Lehre,
Die größte Schande nennt er Ehre,
Und sagt, daß alle Tyrannei:
Nur lauter Gnade vor mich sei.

Zur Geschichte von Händel befinden sich in der Baireuther Kanzleibibliothek (Fasc. theolog IV.) ein Paar Schriftchen, aus welchen ich Hrn. F. Hänle in Ansbach folgende Excerpte verdanke: .   .

1) eine Predigt von Tießmann gegen Händel in Ansbach abgehalten und der heftigsten Art.

Es ist darinnen gesagt, daß in Ansbach das falsche Gerücht verbreitet würde, nicht nur der Markgraf, sondern auch einige vom geistlichen Stand helfen dazu, rechtschaffene Apostel Jesu Christi zu vertreiben.

2) Dann von demselben Tießmann eine Antwort auf einen Angriff Händels, der im Juni 1710 bei Walter in Frankfurt gedruckt wurde. Als Veranlassung zu dieser Antwort wurde aufgeführt, daß durch die Händel'schen Schriften Viele in Ansbach verführt wurden. Tießmann sei deshalb nach dem van der Lith als Stiftsprediger installirt wurde, genöthigt mit fürstlicher Erlaubniß diese Antwort herausgegeben. Es wird darin Händels Weise zu predigen charakterisirt und von Tießmann bemerkt: er Tießmann könne nicht mit solcher Eloquenz, liebreichen Complimenten, inbrünstigen Umarmungen und anderen nach heutiger Galanterie und Eitelkeit schmeckenden Geberden, Reden und Handlungen seinen Zuhörern begegnen, auch nicht solche Romane und Pastorellen im biblischen Style aussinnen.

(Dr. Heinrich Tießmann aus Blankenheim wurde 1702 Consistorialrath und Stadtpfarrer zu Ansbach † 1744 19. Februar als Hofprediger. Dr. Wilhelm van der Lith aus Ansbach wurde 1709 Stiftsprediger und Consistorialrath in Ansbach, 1714 Stadtpfarrer dort, † 14. März 1733.)

In genannter Kanzleibibliothek liegt auch eine von J. J. Kern herausgegebene Species facti der Unwahrheiten, die gegen ihn J. J. Kern von Händel ausgestreut wurden. Onolzbach 1710.

In dieser Darstellung wird erzählt, Händel habe in einem Consistorialvotum einen fürstlichen Rath sehr empfindlich angegriffen; es habe als in Folge dieses Angriffs ein Zwist zwischen den beiden entstanden, hierauf den Rath, obgleich dieser sein Beichtkind gewesen, auf der Kanzel injurirt, worauf der Rath zwei Jahre nicht beichtete und dann mit fürstlicher Bewilligung ihn den Herausgeber Diakonus Kern zum Beichtvater annahm. Es war dieß im Januar 1709. Händel habe sich hierauf nach Wittemberg gewendet und von dieser Universität ein Gutachten in seinem Sinn erhalten.

Es sollen auch in der Frankfurter Stadtbibliothek gedruckte Gutachten mehrerer Universitäten über die von Händel aufgeworfene Frage vorhanden sein: ob ein Beichtkind seinen Beichtvater willkührlich ändern dürfe?

Auch der Markgraf hat, wie schon berührt, Händel nicht mehr als seinen Beichtvater zugelassen.

In Dr. Hänle kurzer Geschichte Ansbachs findet sich über Händel folgende Stelle:

Früher ein gehätschelter Liebling des Hofes wurde er auf einmal aus unbekannten Gründen (durch eine Weiberkabale, wie eine handschriftliche Aufzeichnung sagt) vom Beichtvateramte entfernt und erging sich deßhalb in maßlosen Schmähschriften gegen den Markgrafen. Es wurde hierwegen vom Spruchgerichte der Universität Halle zum Tode verurtheilt und verkümmerte auf der Wülzburg in langer Gefangenschaft. Er starb 1734.

Das wider Christoph Christian Händel gefällte Condemnatori-Urtheil dd. Ansbach den 22. September 1719 lautet:

Auf Gerichtlich = nothbürfftige Untersuchung, eingezogene beglaubte Kundschaft, beschehene Confrontation mit einigen Complicibus, vorgelegte Documenta probatoria, und deren Recognition, und der Sachen wahrhafften Erfahrung und Befindung, auch hier auf vollführte Defension, so beßhalben alles nach laut Kaiser Carls des Fünften, und des heiligen Reichs, dann der hochfürstl. Brandenburgischen peinlichen Halß=Gerichts=Ordnung geschehen ist, wird nach eingeholtem Rath zweier auswärtig — unpartheiischen Juristen-Facultäten, nach nochmalig reifer Ueberlegung, endlich zu Recht erkannt:

Nachdem Dr. Christoph Christian Händel, gewesener General=Superintendent allhier zu Onolzbach wider des regierenden Herrn Markgrafen hochf. Durchlaucht ꝛc. verschiedene Schmäh= und Läster=Schriften ausgestreuet, und dieselbe dadurch in dero fürstl. Hoheit auch Person, Ehre und Regierung freventlich angetastet, und als einen ungerechten tyrannischen Fürsten in viele Wege zu diffamiren gesuchet, auch sonstig vielfältig schwerer Verbrechen sich schuldig gemachet hat; Als wäre er wegen solch begangenen Missethaten sich selbst zu wohlverordneter Straff, andern aber zum Exempel, Abscheu und Warnung, nach vorher gegangener gewöhnlicher Degradation, zu Folge der strengen peinlichen Rechte mit dem Schwert vom Leben zum Tod zu bringen; alldieweilen aber höchst gedacht Se. hochfürstl. Durchlaucht ꝛc. Gnade für Recht ergehen lassen; als werd sein Händels Name aus den Ordinandon und Kirchendiener = Büchern ausgestrichen, und er seiner Ehre hiemit entsetzet, auch sofort mit ewiger Gefängnuß beleget und darinnen mit nothbürftig jedoch geringer Alimentation, aus seinen eigenen Mitteln, unterhalten, auch ist er die sowohl auf seine bisherige Verpflegung als Inquisition und Bestrafung verwandte, durch eigene Schuld gehäufte Unkosten zu erstatten schuldig: Die von ihme Händel gemachte und edirte oder auch nur diffaminirte Pasquillen und Schmähschriften aber werden zu deren Abolition und andern solche nicht zu hegen zur Warnung durch den Scharfrichter öffentlich verbrennt. Von Rechtswegen. Signatum unter hievorgedrucktem hochfürstlichem Canzlei=Insiegel. Onolßbach den 22. Septbr. 1719.

Mit Dr. Hänles Urtheil über Händel stimmt das eines Zeitgenossen des letzteren übrein und zwar Johann George Kaßlers niedergelegt in seinen Neuesten Reisen (Leipzig bei J. G. J. Breitkopf) 2. Abthlg. S. 1488, wo es heißt:

Die Streitigkeiten, welche der vorige Markgraf mit seinem ehemaligen Beichtvater, den Generalsuperintendent Dr. Ch. Händel gehabt, sind meinem Herrn gutentheils bekannt.

Die erste Gelegenheit dazu fand sich, da der Markgraf von dem Dr. Händel abging und den Dr. Tiezmann zu seinem Beichtvater erwählte, ohne jenem die Ursachen solcher Veränderung zu melden. Händel hielt sich dadurch beschimpft und drang darauf, daß man zu seiner Rechtfertigung die Motive anführen sollte, warum er hintangesetzt wurde; weil aber vielerlei politische Umstände damals nicht zuließen, ihm solches deutlich zu eröffnen, so trieb ihn die Ungeduld zu vielerlei Unruhen in Reden, Schriften und andern Unternehmungen, wodurch endlich ein peinlicher Prozeß über ihn verhänget und er in einem zu Halle eingeholten Urtheil ihm der Kopf abgesprochen worden. Die Lebensstrafe verwandelte der Markgraf in eine ewige Gefängniß auf der Festung Wülzburg, woselbst Dr. Händel noch jetzt sitzt, ob er gleich stets in der festen Hoffnung gestanden, daß wenigstens gleich nach des damals regierenden Herrn Tod eine glückliche Veränderung mit ihm vorgehen würde.

Die große Gnade des vorigen bei Kuttensee an einer Wunde gestorbenen Herrn Markgrafen Georg Friedrich hatte ihn verwöhnt, und kann es wohl sein, daß da er gerne einen kleinen Pabst agiret hätte, ihn der Verlust seines Credits unter der neuen Regierung zu empfindlich gerühret hat.

Er ist ein guter Redner, und von seiner guten Poesie zeigt das Lied, welches ihn größtentheils ins Verderben gestürzt hat 2c.

Keßler fügt in einer Note bei: Dr. Händel gab vor, seine Frau sei darüber, daß etliche Dragoner auf des Fürsten Befehl sein Haus besetzt und nach verdächtigen Schriften gesucht, dergestalt erschrocken, daß sie bald darauf den Tod davon genommen.

Keßler erzählt noch von dem Markgrafen Georg Friedrich, daß dieser ehemals viele wilde Thiere gehalten, auch junge Bären in seines Prinzen Zimmer auferziehen ließ, um diesen von Jugend auf an Herzhaftigkeit zu gewöhnen; daß er aber diese Thiere nach und nach abgehen ließ und die darauf verwandten Gulden der Armuth zuwies.

Ein Luchs war das letzte von diesen wilden Thieren und der Markgraf ließ es mit einer Kette an einen Pfahl schließen. Er war der einzige, der eine Büchse bei sich hatte und da er nach dem Kopf zielte, traf er das Eisen, so das Halsband zusammenhielt, dergestalt, daß der Luchs mit großer Furie loskam. Der Markgraf blieb mit großer Courage stehen, die anwesenden Cavaliers und Bediente aber ergriffen die Flucht und wurden von dem Luchs verfolgt, da dann zum großen Glück ein Thierwärter mit geladenem Gewehr dazukam und den Luchs fällte.

Noch größere Courage — erzählt Keyßler weiter — hat dieser Markgraf gezeigt, da er einmals sich allein und ohne Gewehr in das Behältniß eines Löwen wagte um einen Jungen, der durch leichtsinnige Bosheit des Besitzers von diesem Löwen darin eingesperrt worden war, daraus zu führen und zu retten. Während der Gefahr lag das arme Junge auf den Knieen vor dem murrenden Löwen und schrie immer mit erbärmlicher Stimme: ach gnädiger Herr Löwe thut mir doch nichts! Sein Herr hatte diese Gefahr als eine Art Tortur gebraucht, damit der Junge bekennen möchte, daß er ein Paar lederne Handschuhe ihm entwendet habe, nach der Einschließung aber war er aus dem Haus gegangen, und hatte den Knaben allein in so gefährlicher Gesellschaft gelassen. Dieser und noch ein anderer dabei befindlicher Löwe gehörten dem Markgrafen nicht eigenthümlich, sondern waren ihm nur zum Kauf angeboten, welchen aber der Markgraf ausschlug mit Bedeuten, daß die 800 fl. so für jeden Löwen gefordert wurden, besser zur Versorgung der Armuth angelegt werden könnten. Es riethen damals etliche Personen, man sollte den Besitzer der Löwen zur wohlverdienten Strafe auf den Festungsbau nach Wülzburg bringen, allein der Markgraf wollte den Schein, als wäre es ihm um die Löwen zu thun gewesen, vermeiden und ließ ihn also nur mit einer scharfen Verwarnung das Land räumen.

Dr. Händel zog während seines Aufenthaltes auf der Wülzburg noch Dritte mit in's Unglück und in Mitleidenschaft.

Die eben aufgeführte gedruckte „gründliche Nachricht" bringt S. 214 den Extrakt aus einigen mit denen Soldaten verhandelten Inquisitions=Actis, die Mittel, wodurch Händel selbige zu dem Briefe tragen und andern verbotenen Collusionen, auch wirklich erfolgter Desertion verleitet hat, betreffend.

Diese Mittel waren Geld, Versprechungen künftiger Anstellung auf seinem Hof, Drohungen sich das Leben zu nehmen, Gebet, Weinen, Handküssen, Flehen, Vorstellung, daß jedes es um Christi Willen thue und Gott es haben wolle.

Sententia, welche in den niedergesetzten, ohnpartheiischen Kriegs=Recht wider die vom Händel zu meineidiger Beförderung seiner heimlichen Correspondenz und vorgehabter Flucht, auch eigenen Desertion beredeter Reiter und Mousquetiers gefället worden, erging

bei Georg Wiesinger, Mousquetier von Ober=Ahorn auf Arbeit 5 Jahre geschlossen
    bei Wasser und Brod —

bei Johann Friedrich Fürbringer aus Steinhardt,
    Johann Caspar Prügel von Ellingen, Mousquetiers
    auf halbjährige geschlossene Festungsarbeit bei Wasser und Brod —

bei Curaßier Reuter, Johann Michael Steffmann und Johann Adam Dempler auf
    so lange geschlossene Arbeit bis Händels Affaires zu Ende —

bei Johann Peter Harbt

    Johann, Leonhardt Würth, Curassiers,

    in Hoffnung auf künftige Besserung einem jeden Hundert Brügel auf einem
Bund Stroh —

bei Johann Leonhardt Dürr, Curassier

    auf 50 Brügel, weil schon sieben Monat geschlossen in Arrest —

bei Georg Leonhard von Berg, Curassier

    auf 30 Brügel zu künftiger Correction.

Wülzburg, den 19. Juni Ao. 1716.

          L. S. H. F. Wüffling, W. G.

          L. S. Wilhelm Gottfried Weiß, Auditeur.

    Dr. Händel machte den jeweiligen Geistlichen, welche als Beichtväter des-
selben eine eigene Instruktion vom Consistorium in Ansbach erhalten hatten, fort
viel zu schaffen und ließ nicht von seinen Sprüngen, wie noch ein Erlaß vom 24.
Dezember 1725 ex Consistorio zeigt, der wie folgt lautet:

    Wie ungebührlich der zu Wülzburg gefangen sitzende Händel abermahlen sich
aufgeführt, und dem Pfarrer daselbsten nicht nur unverschämt 2000 fl. angebotten,
im Fall Er Ihme Händel behülfflich sein würde, daß Er ein oder andere wichtige
Sachen entweder an Ihre Königl. Kaiserl. Majestät selbsten oder wenigstens an dero
Beicht-Vatter bringen könnte, sondern was er auch darneben von Bekehrung der Juden, der Bundes-Laden und andern dergleichen ungenannten Dingen vor- und angebracht, das hat man obgedachten Pfarrer Dörners neulicherzeit erstatteten Bericht und
gethaner Anzeige in mehrerm ersehen.

    Wann nun aber, was Er Händel, absonderlich wegen der Bundes-Laden
vorgegeben, solches auf purem Ungrund besteht. Dann obschon in dem 2. Buch der
Maccab., welches eines von den Apogryphischen Schriften und von keiner Autho-
rität ist, im andern Kapitel vom 5. Vers stehet, als wenn der Prophet Jeremias
erstgedachte Bundes-Lade in eine Höhle verstecket, so ist doch solches ein bloßes Ge-
dicht und in Ansehung der Situation derjenigen Orten, dahin Jeremias nach der
ersten Zerstörung Jerusalems, laut der von Ihme selbst Cap. 40 et sequ. hinter-
lassenen Beschreibung ist geführt worden, nur allzu gewiß, daß Er zu dem im
anderen Buch der Maccab. ermelten Berg, nicht gekommen, vielmehr ist aus ersagtem
Propheten in dem 3. Cap. im 16. Vers zu ersehen, daß man zur selbigen Zeit von
der Bundes-Lade des Herrn nichts mehr sagen, auch derselbigen nicht mehr gedenken,
noch davor predigen, noch Sie besuchen, noch daselbsten mehr opfern werde, dahero
dann die Juden selbst bekennen, daß zu zeiten des andern Tempels obermelte Bundes-
Lade nimmer vorhanden gewesen ist; Wie dann auch 2 König am 75 und Jerem. 52
allwo alle Geräthe, welche die Chaldäer bei Eroberung des Tempels conservirt und

weggeführt haben, ausdrücklich benennt werden, Keine Erwähnung der Bundes-Lade geschehen, infolglich dieselbe unfehlbar zugleich mit demselben und andern was drinnen geblieben ist, Verbrennet worden, ja: gesetzt daß selbige auch jezo noch in rerum natura wären, wie es doch nicht ist, so würde doch solches weder zu ein oder anderm etwas fürtragen, sondern nur die Juden in Ihrer Superstition und in der Meynung, daß der alte Levytische Gottesdienst zu Jerusalem, einstens wieder möchte aufgerichtet werden, stärken, in ansehung dessen und da er Händel überdieß mentionirten Pfarrer Dörner gedachtermassen, auch mit Versprechung 2000 fl. nahe zu corrumpiren gesucht, eo ipso er seine Bosheit und betrügliches Wesen nur immer mehr und mehr reroffenbaret, mithin All sein bisheriges Thun und Lassen eine pure Heuchelei und Betrug, und das leichtfertige Gespött, welches Er mit dem Nahmen Gottes, in boshaftiger Erdichtung falscher Offenbarungen, unaufhörlich treibet, ein Zeichen einer ganz incorrigiblen Verstockung ist.

Als wird mehrersagten Pfarrer Dorner in conformität des dieser Tagen erhaltenen hochfürstl. gnädigsten Special-Decrets, befohlen, daß wann gedachter Händel Seiner abermahl Verlangen, und Jhme das heilige Abendmahl auf's neue zu reichen, begehren würde, Er obiges alles, und somit auch seine unchristliche Aufführung nachdrücklich fürstellen, mit dem Bedeuten, daß man Jhme Händel, bei denen Umständen, und ohne bevor Er eine rechtschaffene Buße zeige, mithin von seinem gottlosen Wesen abstehen und christlicher sich aufführen werde, zum h. Abendmahl weiter nicht admittiron könne, im übrigen aber Er Pfarrer Dörner, noch ferner wie bishero seine Pflichten in obacht nehmen, auch sonsten nach denen schon ertheilten vormahligen Instructionen jederzeit sich reguliren und halten solle. Signat.

Onolzbach, den 24. Dezbr. 1725.

Ex Consistorio.

Dieser Erlaß befindet sich Fol. 23 der Akten des Pfarramts Wülzburg, die specielle Seelsorge und besondere religiöse Handlungen betreffend. Rep. Fach 6.

Ein wahrer Pfahl im Fleisch war und blieb aber dem Garnisonsgeistlichen der Baron Rauber.

Diesem war zu drei verschiedenen Malen der freie Umgang in der Festung in Gnaden gestattet worden, wurde aber wegen jedesmaligen Mißbrauchs dieser Freiheit und zwar einmal auf besondere Veranlassung des Pfarrers wieder entzogen. Letzteres geschah als er die Kinder des Oberstlieutenant von Hofer unterrichtete und bei dieser Gelegenheit aus dem Catechismus einzelne Blätter ausgeschnitten und den Kindern gesagt hatte, sie sollten dergleichen Unsinn nicht glauben.

Die Frau Oberstlieutenant und älteste Fräulein Tochter hatten den alten Edelmann in besondere Protektion genommen, nahmen sich aber auch seiner in seiner letzten Krankheit bestens an; doch mußte sich Pfarrer Gruner noch besonders wegen der Art des Leichenbegängnisses verantworten, das nach Weisung des Hrn. Commandanten angeordnet war, der sich dabei auf mündlichen Befehl des Herrn Markgrafen berief.

Frau von Hofer scheint ein streng Regiment neben dem Herrn Gemahl geführt zu haben, wie sie denn z. B. den Musketieren und Constablern, welche sich Hühner hielten, solche vergiften ließ, worüber sich das zeitige Pfarramt sehr erzürnte.

Gleich hartes Schicksal hatten kurz vorher auch Gänse erfahren.

Daß Fräulein von Hofer in männlicher Kleidung Reitübungen im Festungshof hielt, wollte den geistlichen Herren gleichfalls nicht eingehen so wenig als das, daß Frau von Hofer durch ihre Köchin statt eines Pfennigs einen Dukaten in den Klingelbeutel einwerfen ließ, um seine Ehrlichkeit zu prüfen oder ihn auf's Eis zu führen.

In hiesiger Registratur befindet sich ein Aktenband aus dem vorigen Jahrhundert, verschiedenen Betreffs; darinnen einige zusammengefaßte Blätter mit der Aufschrift:

Acta des Profosen Johann Michael Frohndorfs addition wegen Wartt und Aufsicht des Gefangenen Fränkels betr. Ao. 1716, 1717, 1720.

Diese Blätter beginnen mit einem Bericht des damaligen Commandanten Christoph Friedrich von Zastrov vom 12. Dezember 1716, in welchem gesagt wird: Frohndorf habe den seit dem 6. November 1712 daselbst gefangen sitzenden Juden Elkan Fränkel zu besorgen und damit zumal in Winterszeit viel Mühe gehabt, indem dieser auf dem Glockenthurm untergebracht sei, jener ihm täglich sein Wasser und Brob, sowie Holz bringen, den Kübel leeren und auch zur dreimaligen Visitation 85 Stufen auf offner freier Treppe mit nicht geringer Lebensgefahr steigen müsse daher sowohl für die Vergangenheit als für die Zukunft einer täglichen Zulage an seinem Gehalt bedürftig und würdig sei.

Ein Rescript dd. Ansbach den 4. Januar 1717 fordert den Commandanten auf, vorzuschlagen, wie dem Profosen sowohl vor das praeteritum als in futurum zu seiner ordentlichen Bestallung zuzulegen sei. Unterm 16. Januar begutachtet der Commandant jährlich 5 Thlr. — bringt am 24. Febr. 1720 die Sache in Erinnerung worauf unterm 6. März 1720 rescribirt wird, Frohndorf solle für die Vergangenheit zwölf Reichsthaler und so lange er mit dem Juden Elkan Fränkel noch zu thun haben werde, jährlich eine Zulage von einem Louisbor à 7 fl. 30 kr. erhalten.

Ueber diesen Gefangenen findet sich in der Geschichte der Juden im ehemaligen Fürstenthum Ansbach von S. Haenle, „Ansbach 1867" vollständige und interessante Auskunft, welche daraus hier ihren passenden Platz finden wird.

Die Hofjudenschaft der Familie Model war gewissermassen ein Erbstück für den Markgrafen Wilhelm Friedrich, denn seit der Mitte des 17. Jahrhunderts waren die Model in allen Geschäften des Hofes so recht das Factotum. Besonders war es Marx Model, welcher für den Hof wie für das Militär sehr ansehnliche Lieferungen besorgte.

Wie bei fast allen Hofjuden waren auch ihnen zwei Momente gefährlich, nämlich die Concurrenz und die Denunciation der Juden selbst, und dann der Haß des Hofes und der Bevölkerung, so daß schließlich der theuer erkaufte Glanz in einem Criminal-Prozeß zu versinken drohte. Es erwuchs in Elkan Fränkel, der schon von Fürth aus gegen die Familie Model die heftigste und wirksamste Opposition machte, als er nach Ansbach übersiedelte und dem Hof immer näher trat, ihr eine gefährliche Nebenbuhlerschaft, die jedoch wie später zu ersehen, beseitigt wurde.

In dem Jahre 1712 spielte nun in Ansbach die Tragödie der Gebrüder Fränkel; in der That ein Drama von der erschütterndsten Wirkung, da in wenigen Jahren diese Fränkel von der höchsten Gunst der Fürsten man kann sagen, von einer seltenen Machtstellung im Fürstenthum zum ewigen Kerker, zu ausgesuchter Schmach herabgestoßen wurden.

Elkan und Hirsch Fränkel stammten aus einer jüdischen Familie von Wien ab, welche bei der dortigen Judenvertreibung im Jahr 1670 verjagt wurde. Rabbi Henoch (Levi) der Vater der Fränkel, war zuerst nach Bamberg, dann nach Hanau und zuletzt nach Fürth übersiedelt. Er war der Lehrer des berühmten Professor Wagenseil zu Altdorf im Hebräischen.

Elkan Fränkel rühmt sich in seiner Criminaluntersuchung, daß seine Mutter Ritschel, die Tochter des reichsten Juden in Wien, des Keppel Ritschel gewesen sei. Obgleich Elkan weder Deutsch schreiben noch Deutsch lesen konnte, machte er sich bald in Fürth, in dessen Judentabellen er 1686 zum ersten Male erscheint, zum Sprecher der Ansbacher Interessen im Gegensatz zu den Dompröbstischen und erwies sich als ein umsichtiger, äußerst energischer, unermüdlicher aber eben so stolzer und intriguanter Mann. Auch seine moralische Integrität ist nicht unangefochten, indem eine Criminaluntersuchung gegen ihn wegen eines in Nürnberg verübten Juwelenbetrugs gerade während seiner Glanzzeit anhängig war.

Seine Parteistellung für Ansbach mußte ihn nicht nur unter jenen Juden, die dompröstliche Schutzverwandte, sondern auch unter denen, die Ansbach'sche Schutzverwandte waren, zahlreiche Feinde erwecken, weil die Interessen der Juden durch die Bamberger Freiheiten bedeutend gefördert wurden, während Ansbach gerade um diese Zeit bemüht war, diese Privilegien zu beschränken. Fränkel wurde auch damals von den Fürther Juden vielfach insultirt, ja sogar beim Gottesdienst des langen Tages mit spitzen Redensarten verfolgt.

Insbesondere war er aber gegen Marx Model aufgetreten, indem er ihm vorwarf, er begünstige nur scheinbar die Interessen seines Herrn und intriguire heimlich bei den Juden in Fürth, daß sie das nicht thun sollen, was Model von ihnen anscheinend verlange und bei ihnen anstrebe. Elkan Fränkel warf ihm 1704 im Beisein der fürstlichen Commission vor, es habe derselbe 1000 Dukaten der Landjudenschaft unterschlagen, er sei eigen nach Fürth gekommen, um die Zwecke der Commission zu hintertreiben.

Model mußte auch zugeben, daß er von 12 Fürther Juden damals nach dort in der That berufen worden sei, um ihnen beizustehen. Elkan Fränkel nennt sich einen Sollicitator der Fürther Juden, er läßt Memoriale und Eingaben aller Art an die hochfürstliche Regierung abfassen, er überwacht die Bewegungen der Feinde derselben, beeinflußt die fürstliche Commission, die 1704 niedergesetzt wurde und veranlaßte, daß sieben widerstrebende Personen gefangen nach Cadolzburg geführt wurden. 1703 hatte er eine Audienz bei dem Markgrafen in Cadolzburg, es wurde ihm dort die fürstliche Gnade verheißen, er ward kurz darauf öffentlich in einem Decret belobt, 1704 Barnoß in Fürth mit einem Gnadengeschenke von 200 fl. und 1708 Oberbarnoß in Ansbach. Die Gunst des Markgrafen wurde ihm in so hohem Grade, daß der Hofjude in den wichtigsten Staatsangelegenheiten berathen und namentlich zu Conferenzen mit dem Hofmeister (Staatsminister) von Brebow und dem Regierungsrath Weyl beigezogen wurde.

Es bildete sich aber auch eine Gegenpartei; natürlich war Hauptgegnerin die Familie Model, aber auch der Regierungsrath Appold wird als Feind des Elkan Fränkel mehrfach genannt, und selbst die Markgräfin scheint zu dieser Partei gehört zu haben; wenigstens wird in der Denunciation des Jesaias Fränkel erwähnt, Elkan Fränkel habe gesagt, die Markgräfin müsse sich vor ihm fürchten. Dieser aber in seiner Eitelkeit, die vielleicht noch dadurch erhöht wurde, daß er sich im Vertrauen auf die kabalistischen Künste seines Bruders für sicher hielt, der ihn ja sogar nach einer Andeutung in dem Altdorfer Responsum die Macht verleihen wollte, sich unsichtbar zu machen, kümmerte sich um seine Feinde nicht und ließ sich von Christ und Jud „flattiren" wie er denn auch in einer Briefadresse: „le celebre juif de cour" genannt wird. Sein Vetter Jakob Fränkel hatte ihn vergebens gewarnt. Prinz Louis habe geäußert: ein Jude wäre wie eine Karte, allweil man sie brauche, habe man ihn lieb, wenn man ihn ausgebraucht habe, werfe man ihn hinunter.

Beim Ausgang der Wackerbarth'schen Commissionssache (es hatte nämlich Oberamtmann von Wackerbart von Hohentrübingen im Jahr 1708 auf einmal Auftrag erhalten, das Fürstenthum zu durchreisen und von Amt zu Amt die Judenforderungen sowohl wegen des Zinsfußes als ihres Rechtstitels zu prüfen) war Fränkel noch der mächtige Günstling des Markgrafen und seinem Betreiben verdankten es die Juden, daß die Anfangs geforderte Strafsumme von 30,000 fl. auf 20,000 fl. ermäßigt wurde. Wenige Wochen darauf, in den ersten Februartagen 1762 lief die Denunciation eines Fränkels in Fürth, Jesaias Fränkel, der damals im Begriff war zum Christenthum überzutreten, gegen die Brüder Elkan und Hirsch Fränkel ein. Der Inhalt dieser Denunciation stimmt so ziemlich mit den Beschuldigungen überein, die später das Hofrathsgutachten gegen Fränkel zusammenstellte: Der Besitz jüdischer Bücher in welchen sich Lästerungen gegen das Christenthum vorfänden, Uebergriffe in alle Zweige des Staatslebens, beleidigende Aeußerungen gegen den Markgrafen, verrätherische Correspondenz, sexuelle Vergehungen. Anfangs schien die Commission wenig Werth auf die Anzeige gelegt zu haben, die darin niedergelegten Anschuldigungen seien zu weit hergeholt, der Einfluß des Model habe dabei wahrscheinlich mitgewirkt, allein nachdem Jesaias Fränkel, der inzwischen in der Taufe den Namen Christhold erhalten hatte, vernommen und versichert hatte, seine Anzeige beruhe auf den reinsten Motiven, wurde die Commission, die aus den Hofräthen Appold und Hänßling bestand, vom Markgrafen ermächtigt, gegen die Brüder einzuschreiten. Alsbald wurde Haussuchung bei ihnen vorgenommen und kurze Zeit darauf wurden sie auch verhaftet.

Die Untersuchung gegen Elkan Fränkel wurde im September geschlossen. Er erbat sich, nachdem ein Anwalt zu seiner Vertheidigung nicht zugelassen, ihm auch das Niederschreiben seiner Vertheidigungsgründe versagt worden war, daß zwei unpartheiische Hofräthe, als welche er später den Christian Friedrich von Seckendorff und Johann Samuel Rosa benannt, zur Prüfung seiner Akten herbeigezogen würden, dieß wurde ihm willfahret, auch ihm gestattet, ein Memoriale zu Protokoll zu diktiren. Dasselbe enthält außer den materiellen Vertheidigungsgründen gegen die wider ihn erhobenen Anklagen, die Behauptung, daß die sämmtlichen Anklagen das Werk seiner Feinde seien, welche den Jesaias Fränkel oder Christhold Fränkel als ihr Werkzeug benutzten und bezahlten, und daß namentlich die Model und Hofrath Appold die ganze Geschichte angezettelt hätten.

Er habe, sagte er, in der Untersuchung nachgewiesen, daß der alte Model auf seinem Sterbebette seinen Kindern vermacht habe, 30,000 fl. daran zu wagen, um ihn zu stürzen.

Im Verlauf des Memorials weist er darauf hin, daß er ein immer bereitwilliger Diener des Markgrafen gewesen, und daß man ja auch in Historienbüchern lese, wie oft durch Feinde und Jutriguen die treuesten Diener der Herrscher auf die Seite geschoben worden seien."

Appold selber hatte schon während der Untersuchung die Bemerkung zu den Akten regiſtrirt, er wäre dem Fränkel keineswegs Feind, und er müſſe auch zugeſtehen, daß derſelbe in Fürth Gutes, wenn auch keineswegs ſo Extraordinäres geleiſtet, wie Fränkel behauptet.

Das Gutachten des Hofraths, ein Urtheil kann man es nicht nennen, reſumirt der angeblichen Vergehungen des Elkan Fränkel dahin, daß er gottesläſterliche jüdiſche Bücher gehabt, und daraus gebetet habe, eine Judenbücheruntersuchung hintertrieben, Judentaufen verhindern haben wollen, daß er an dem Respekt gegen den Markgrafen ſich vergriffen, denselben herabgeſetzt habe, wie Fränkel durch Zeugen, wenn ſie eiblich verhört wurden, convincirt werden könnte, daß er die wichtigſten Kabinets und Staatsſachen ſich unterzogen, abſurde und gefährliche Decreta zur Unterſchrift vorgelegt, Dispoſitiones über beſſere Einrichtung des Staats concipirt; daß er zu Ungunſten des Staats mit den Nachbarmächten correspondirt; in die Juſtiz ſich gemiſcht, ſich überall Vortheile zu verſchaffen geſucht, verdächtige Converſationen mit Frauenzimmer gepflogen, Defecte ſowohl an den Judenſchutzgeldern wie an den herrſchaftlichen Geldern ſich habe zu Schulden kommen laſſen.

Auf den Grund dieser Vergehungen begutachtet nun der Hofrath, daß Elkan Fränkel auf öffentlichem Markte neun Ruthenſtreiche an einem beſonders aufgerichteten Pfahle erhalte, ſein unflätiges Buch durch die Scharfrichter zeriſſen werde, er ſelber aber entweder auf die Galeere oder ſonſt im Lande in ewiges Gefängniß geſetzt werde.

Dieſes Verfahren gegen Elkan Fränkel ſtellt ſich auch nach den Begriffen der damaligen Zeit als form und geſetzlos dar; denn ſeine Schuld an den ihm vorgeworfenen Thatſachen erſcheint zum Theil als nicht erwieſen, zum Theil ſind die Thatſachen ſelbſt objektiv nicht einmal feſtgeſtellt. Ein Kaſſenbefekt zu deſſen Eruirung man einen Sachverſtändigen (Ströbel) ernannt hatte, konnte nicht ermittelt werden, es lagen eben Anſprüche und Gegenſprüche vor, und man genirte ſich nicht in dem Bericht an den Markgrafen einſtweilen die Summe auszulaſſen und ſtatt der Ziffern mehrere Punkte (....) einzuſetzen. Der angeblichen Beleibigungen gegen den Markgrafen hätte er, wie der Bericht ſelbſt ſagt, überführt werden können; die verdächtigen Converſationen beſtanden darinnen, daß er beiſpielsweiſe ſeine Nichte umarmt habe ꝛc. ꝛc.

Das intereſſanteſte Aktenſtück der drei Bände der Unterſuchungsakten iſt das Schreiben des Rabbiners Hirſch Fränkel an ſeinen Bruder Elkan (Ende Auguſt 1711), welches gelegentlich der Hausſuchung zu Gerichtshanden gebracht wurde. Es iſt daraus erſichtlich, daß die Beiden über die wichtigſten und geheimſten Angelegenheiten des Fürſtenthums mit einander correspondirten. Ueber den Hof ſelbſt gibt der Rabbiner (weil gegen Model nicht eingeſchritten wurde) das Urtheil ab: „es iſt keine Manier und Aufführung am Hofe", und in einer andern Stelle heißt es: dann haſt (Du) keine verſtändige Räthe, die dem Herrn Ducos (Fürſten) eine

7

Sache zu legen verstehen; solche Räthe wie Schelin (?) sollten da sein, nicht eitel junge Räthe. Wenn man sie vor der Hand hat, heißt es: Anfangs bedenk's Ende." Der Brief athmet den tiefsten Haß gegen die Mitglieder der Familie Model, und es war zwischen ihnen und den Gebrüdern Fränkel bereits soweit gekommen, daß es für beide eine Existenzfrage wurde, wem schließlich bei diesem Intriguengewirr die Gunst des Fürsten sich zuwenden würde.

Der Besitzstreit um Fürth scheint die Hauptveranlassung der gegenseitigen Reibereien gewesen zu sein. Die beiden Model Eisig und Elias, Söhne des Marx Model, hatten sich bereits bei dem wachsenden Ansehen der Fränkel und den Maßregeln des Fürsten um fremden Schutz umgesehen. Elias wollte um den Bamberg-Dompropsteilichen Schutz nachsuchen und Eisig hatte sich eine Recommandation vom Kaiser erwirkt.

Bezüglich dieser Recommandation schreibt nun Hirsch Fränkel: „solche Recommandation bekomme man bei allen Höfen hundert für einen Batzen" — er meint, sie schadeten den Personen mehr, denen sie gegeben werden, man kümmere sich um diese nicht, der Markgraf habe die Macht in Fürth und der Kaiser und der Markgraf blieben gute Freunde miteinander, wenn auch der empfolene Jude in Arrest gesetzt wurde. Dies wäre zu erweisen mit dem Grafen von Hanau. Derselbe habe den Löw Neumark von dort wegen einer Beschuldigung das Haus genommen. Neumark sei deshalb nach Berlin und es habe der König von Preußen zehnmal wegen seiner nach Hanau geschrieben, aber der Graf von Hanau habe zurückgeschrieben: „Ich habe dem Neumark wegen der gegen ihn erhobenen Anklage das Haus genommen und dabei bleibe es."

Hirsch Fränkel drängt seinen Bruder, die Sache mit dem Model zum Bruche zu bringen; „Letztre hätten dem fürstlichen Befehl nicht gehorcht, weigerten sich, die Judenanlagen zu zahlen und dem Rabbinergerichte Folge zu leisten. Der Fürst habe Fug und Macht, sie miteinander und zuvörderst den Elias in Eisen und Banden auf die Wülzburg führen zu lassen."

Die Sache kam freilich anders als die Fränkel glaubten. Wenn man diese Stelle des Briefs liest, so kann man das Schicksal derselben begreifen und die Gehässigkeit, mit welcher sie selbst verfolgt wurden. Doch überflog es dabei den Rabbiner wie eine Ahnung, daß der Zorn des Markgrafen sich statt gegen die Model, gegen sie selber wenden könne. „Wenn der Zorn des Ducos sich gegen uns gewendet hätte, dann absondere mich, denn ich mag nicht sitzen über ihn und lasse richten, wem sein Herz ganz ist."

Aus andern Briefen, namentlich aus der Correspondenz des Fränkel mit Hirsch Neumark zu Oettingen ergibt sich weiter, daß wer nur irgend eine Stelle im Fürstenthum erhalten wollte, sich an Elkan Fränkel unmittelbar oder doch durch

Neumark an ihn wandte. Die Commission warf dem Fränkel vor, er habe durch diese vielerlei Dienstausbietungen den Respekt, den er vor dem Fürsten hätte haben müssen, herabgesetzt, daß er bei demselben (bei welchen sogenannte Dienst= cautionen bis zu 4000 fl. offerirt und dem Fränkel eingehändigt wurden, wogegen dann der Markgraf später eine „Obligation" ausstellte; manchmal überbot auch ein Candidat den andern) seinen eignen Vortheil gesucht habe, konnte ihm so wenig nachgewiesen werden als das Gutachten der Commission selbst zugibt: „wenn ihm Zeit gelassen worden wäre, würde er sein Privatinteresse wohl nicht dem herrschaft= lichen gar vorgezogen, doch demselben gleichgesetzt haben.

Der Markgraf decretirte, daß Fränkel in Gemäßheit des Gutachtens öffent= lich ausgestellt, gestäupt und dann auf die Wülzburg zu ewigem Gefängniß geschleppt werden solle.

Er übersah dabei, daß er sich selbst am härtesten verurtheilte; denn er war es ja, welcher dem Juden in allen Zweigen der Verwaltung des Fürstenthums eine so bedeutende Macht eingeräumt, seine absurden Dekrete gebilligt, seinen Vorschlägen ein allzeit bereites Ohr geliehen hatte. Es strafte sich der Fürst in seinem Diener.

Den 2. November 1712 wurde der fürstliche Wille vollzogen, der ehemalige Hofjude von der Büttelei, wo er zuletzt an die Wand geschlossen, gefangen gehalten wurde, auf das Rathhaus geführt, ihm dort die Verfügungen verkündet, und nachdem man auf den Scharfrichter vergebens eine Stunde gewartet, von den Scharfrichters= knechten fast ganz entkleidet, an dem auf dem obern Markt aufgerichteten Pfahl mit Stricken angebunden und so gestäupt, während sein Buch zerrissen und in den Koth getreten wurde.

Es hatte sich eine große Menge Menschen eingefunden, um das Schauspiel zu sehen, allein selbst die Masse schien einiges Mitleid für den Unglücklichen em= pfunden zu haben. Sogar Appold berichtet an den Markgrafen: er habe „Compassion" für den Verurtheilten gefühlt; und als Fränkel geknickt und gebeugt noch an dem= selben Tage auf die Wülzburg geführt wurde, ward ihm hie und da eine Gabe auf den Schinderskarren gereicht. So ließ ihm der Vogt von Merkendorf einen Thaler nachschicken. Als der Karren dagegen in die Straßen der freien Reichsstadt Weissenburg einfuhr, blies der Thürmer die Melodie des Bußliedes:

Ach Gott und Herr, wie groß und schwer
Sind meine begangene Sünden 2c.

Das Vermögen des Fränkel wurde eingezogen, und an den Vogt in Cadolz= burg ging der Auftrag, die Fränkel'sche Ehefran und ihre Tochter Eva von Fürth weg aus dem Lande zu schaffen und ihnen nichts zu lassen als jeder ein Stücklein Bett und die Kleider, die sie auf dem Leib trugen.

7*

Den Untersuchungsakten liegt eine Darstellung der Exekution bei. Das triste Bild führt die Unterschrift: arbor ut ex fructu sic nequam nascitur actus; auch sind einige flache deutsche Verse beigegeben, aus welchen nur die Charakteristik Elkan Fränkel von Interesse ist; er habe wie ein Pfau geprahlt, und wie ein Fuchs betrogen.

Fränkel starb auf der Wülzburg im Jahre 1720.

Hirsch Fränkel, der in seinem eigenen Aberglauben vor einem seiner hebräischen Bücher gewarnt hatte, es könne sonst jeder Leser, der es nicht verstehe, in das größte Unglück und Lebensgefahr kommen, hatte damit die fürchterlichste Selbstanklage gegen sich selbst erhoben und wurde auf Zeitlebens in ein Gefängniß nach Schwabach gebracht.

Im Jahr 1723 mag er da gestorben sein.

Eine ähnliche Geschichte wiederholte sich unter der Regierung Carl Wilhelm Friedrichs (1729—1757), in welche bei dessen ungezügelten Temperamente, seinem furchtbaren Jähzorn und seiner Gewaltthätigkeit eine Reihe von Willkührlichkeiten und Grausamkeiten fallen.

Es ist dieß die Geschichte des Residenten Isaac Nathan.

Lang berichtet hierüber im Wesentlichen: ein Jude Namens Ischerlein, der im Jahre 1739 von Amsterdam nach Gunzenhausen gezogen, habe von dem Markgrafen den Auftrag erhalten, einen zum Geschenk für den König von England bestimmten Orden mit Brillanten zu besetzen und diese Brillanten von Isaac Nathan zu entnehmen, wofür diesem 40,000 fl. bezahlt worden seien. Später habe sich herausgestellt, daß die Steine, mit welchen der Orden geziert war, falsch gewesen, der Markgraf habe im ersten Zornausbruch den Ischerlein auf die Wülzburg bringen, auf einen Stuhl binden und so in seinem des Markgrafen Beisein köpfen lassen. Der Todesstreich des Nachrichters habe den Ischerlein, der Trotz des Stuhles sich aufgerafft und um sein Leben flehend auf den Markgrafen zugestürzt war, über die lange Tafel hinüber getroffen. Diese Diamantengeschichte habe nun Verdacht der Theilnahme an dem gespielten Betrug gegen den Residenten Isaac Nathan erweckt, die früher gegen ihn erhobenen Beschuldigungen in die Erinnerung des Fürsten gebracht und außerdem habe man den Residenten beschuldigt 25000 fl. Chatoullgelder des Markgrafen unterschlagen zu haben. Isaac Nathan sei in die Frohnfeste geschleppt, sein Haus und Grundbesitz sei eingezogen worden, seine Verwandten sich von Ansbach entfernt und er sei wahrscheinlich im Gefängniß verkommen oder des Landes verwiesen worden.

Diese Erzählung fällt mit der zusammen, die bereits oben aus Nehrs Geschichte der Wülzburg gebracht wurde, nur daß der Name des hingerichteten Juden nicht „Ischerlein" sondern „Rüb Heßlein" ist.

Deshalb kann die Enthauptungsgeschichte wahr sein und nur der Name Jscherlein irrthümlich von Lang dem Enthaupteten beigelegt worden sein, nachdem dieser Name der des Jsaac Nathan selbst war, wie S. Hänle des Näheren nachweist und aus diesem Grunde und Anderem die Enthauptung des Jscherlein oder Jsaac Nathan bezweifelt und mit Recht bestreitet.

Seine Bemerkung in einer Note erklärt sich auf diese Weise.

Diese Note lautet:

Es liegt wahrscheinlich eine Verwechslung mit einem andern Juden, der möglicherweise durch Jscherlein compromittirt wurde, zu Grunde; auch waren bis zu Ende des vorigen Jahrhunderts und noch in den jetzigen mancherlei Erzählungen über eine solche Exekution auf der Wülzburg in Ansbach verbreitet und soll namentlich der Ansbacher Scharfrichter jener Zeit öfter erzählt haben, er habe eine solche Hinrichtung auf der Wülzburg vorgenommen.

Behält dann doch auch der alte Regierungsrath Knebel Recht, der wie S. Hänle selbst anführt, ein scharfer Beobachter seiner Zeit gewesen und der die Hinrichtungsgeschichte gleichfalls bringt, wenn gleich auch mit dem irrthümlichen Namen Jscherlein anstatt Rub Häßlein.

Es kam sonach darauf an, aus welcher Quelle, Dr. Nehr den Namen Rüb Häßlein für den Hingerichten geschöpft hat.

Ein Excerpt aus den Akten des historischen Vereins für Mittelfranken, „den Aufenthalt der Erbgräfin Stollberg auf der Veste Wülzburg betreffend," den ich auch Herrn Dr. Hänle in Ansbach verdanke, zeigt, daß die Wülzburg auch unter der Herrschaft Preußens, an das sie mit dem Markgrafenthum durch die Regierungsentsagung des letzten Markgrafen Carl Alexander 1791 gekommen war, noch die alten Dienste leisten mußte. Es lautet:

Am 10. November 1799 bekam der Präsident der fränkischen Kriegs- und Domainenkammer, von Schukmann, auf Specialbefehl des Königs Friederich Wilhelms III. die Weisung von Seite Hardenbergs, dem Kommandanten der Wülzburg zu beordern, für die geschiedene Erbgräfin von Stollberg, geb. Gräfin von der Mark und ihre Gesellschafterin und Dommestiquen ungefähr 5 Zimmer zur continuirlichen Wohnung schleunigst einzurichten.

Die Weisung bemerkt, daß die unregelmäßige Lebensart der Gräfin beseitigt und sie veranlaßt werden müsse, in Einsamkeit über ihre Schritte nachzudenken und in die Schranken der Ordnung zurückzukehren. Das Ameublement soll einfach aber anständig sein. Auf Befehl des Königs hatte der Justizcommissär Pochhammer zu Berlin die Gräfin zu begleiten, außerdem begleitete sie ein Fräulein von Holly und drei männliche Domestiquen. Sie kam am 9. Februar 1800 auf der Wülzburg an, auf welcher von Uttenhofen Kommandant war. Die Gräfin beschwerte sich sofort über die beschränkte Aussicht aus ihren Zimmern und es wurden Kostenanschläge gefordert, um ihr eine angenehmere Wohnung zu verschaffen. Die Gesammtauslagen für Herstellung der neuen Wohnung beliefen sich auf ungefähr 2800 fl. Der Bau wurde auch ausgeführt und nach Vollendung desselben erwirkte die Erbgräfin die Erlaubniß, eine Badereise nach Neudorf machen zu dürfen; aber auf der Rückreise in der Nacht vom 12. zum 13. Septbr. 1800 entfernte sie sich in Fulda von ihrer Hofmeisterin und entfloh. Aus späteren Aktenstücken geht hervor, daß die Gräfin einen Herrn von Miaslowsky zu Opatowek heirathete.

Unter von Pöllnitz Commando wurde auf der Wülzburg am 24. April 1740 dem Bischof Johann Anton II Freiherrn von Freiberg zu Ehren fortwährend mit Kanonenschüssen salutirt als dieser mit einem Hofstaat von 57 Personen sich von Eichstädt nach Ellingen begab, um die daselbst neuerbaute Kirche des Franziskaner-Klosters zu consecriren.

Das Geburtsregister der Pfarrei ist zu dieser Zeit nicht klein und bedeutender als manches in einer Dorfgemeinde wie z. B. Kattenhochstadt, wo Pfarrer Witschel schrieb:

gestorben kein's
geboren ein's
und das war mein's.

Grund dafür ist, daß von der Besatzung viele Musquetiere und Constabler verheirathet waren und der Herr Commandant selbst mit einem guten Beispiel vorausging, wie denn auch Baron Pöllnitz hier 12 sage zwölf Kinder taufen ließ, durch deren je viele Taufpathen der ganze Markgräfliche Hof vom Markgrafen an bis zum Kammerjunker herab und von der Oberhofmeisterin bis zum jüngsten Hoffräulein sich im Taufbuch repräsentirt findet. Auch an Taufen von Juden fehlte es nicht.

Von Pöllnitz ließ am 17. März 1737 durch den Pfarrer und Garnisonsprediger Joh. Wilhelm Feuerlein einen solchen taufen, bei welcher Taufe hochfürstliche Durchlaucht, gnädigster Landesfürst und Herr Carl Wilhelm Friedrich und Ihr Allertheuerster Herr Erbprinz Taufzeugen waren, vertreten durch Freiherrliche Gnaden Herrn Oberstwachtmeister Freiherrn von Seckendorf und Hochedel und Gestreng Herrn Schulart, Artillerie-Lieutenant.

Der Täufling hieß Jonas Löw aus Meseris, war den studiis Rabbinicis auf den Schulen zu Prag, Mannheim, Fürth und Frankfurt a/M. aufgelegen und erhielt nun den Namen Friedericus Augustus Constans.

Eine zweite Judentaufe erfolgte am 21. September 1757 an einem gewissen Abraham Schyr aus der Churpfalz, 23 Jahre alt; und eine dritte an Daniel Mayer aus Prag, 65 Jahre alt, am ersten Sonntag nach Ostern 1758 durch Pfarrer Joh. Nikolaus Erkel.

1725 war auch schon Simon Schmuhli, insgemein Rebl Schinde genannt, aus Böhmen, 48 Jahre alt, übergetreten und hatte den Namen „Peter Gotttreu" erhalten und wie Pfarrer Hohbach versichert, nicht mit Unrecht — und 1720 der Jude Hork aus Pillau in Polen, der den Namen „Joh. Wilhelm Jakob Immertreu" bekommen hatte. Dieser Täufling war 20 Jahre alt.

Am 20. Oktober 1711 wurde der Jude Mordachai, 20 Jahre alt, umgetauft in „Wilhelm Friedrich Bleibtreu." Auch bei diesem war Markgraf Friedrich Wilhelm Taufpathe mit dem Oberhofmarschall und Oberamtmann zu Cadolzburg Johann Friederich von Eyb, vertreten durch den Commandanten Christ. Friedr. von Zostrow und Hauptmann Hofmann.

1749 stand sogar der als Geschichtschreiber bekannte Herr Geheime Rath Sinold, genannt von Schütz zu Gevatter bei Charlotte Pauline Christiane Hofrin von Lobenstein.

Die beiden Familien Hofer von Lobenstein und von Prevost de Montbaily zieren gleichfalls zur selben Zeit zu öftern das Taufregister; dort wurde in entsprechender Zeit eilfmal, hier siebenmal getauft.

In den meisten Jahren übersteigt die Zahl der Taufen die Zahl 12 und steigt bis zu 17 und mehr.

Uneheliche Kinder kommen nicht vor.

Es muß zur Zeit der damaligen Besatzung eine fröhliche Zeit mit lauter Tauffesten, gegenseitigem Gevatterstehen und auswärtigen hohen Taufpathen neben den Schattenseiten des Dienstes geherrscht haben. Selbst die Pfarrer blieben nicht zurück.

So zeichnet Pfarrer Feuerlein bei der Taufe eines seiner Söhne:

Testes waren 1) der Hochedle und Gestrenge Herr Cristoph Friedrich Uz, hochgräflich Griechischer Amtsvogt zu Buchau und Presten als mein hochgeehrtester Herr Schwager, Bruder und Gevatter — 2) S. F. Herr Johann Friedrich Feuerlein, hochgräflich Reichs=Erb=Marschall Pappenheimscher Pfarrer zu Trometzheim als mein ältester lieber Bruder.

Sage da Einer, bei solcher Courtoisie, daß sich die Deutschen nicht geachtet haben! — —

Die Taufakte wurden in der Regel mit großem Pompe begangen, so daß ein markgräfliches Ausschreiben von 1744 mit Mißfallen sich darüber ausspricht, daß gelegentlich des Uebertritts einzelner Juden zum Christenthum von Seite der frommen Stiftungen für die Taufe, Kleidung, Kostgeld, Mahlzeit ꝛc. ꝛc. übermäßiger Luxus getrieben wurde, weßhalb von nun an Kostenvoranschläge vorgelegt werden sollen — wie S. Hänle in seiner Geschichte der Juden im ehemaligen Fürstenthum Ansbach 1867 S. 188 mittheilt.

Von den auf die Wülzburg zur ewigen Gefangenschaft oder sogleich ad Triennes verurtheilten gemeinen Verbrechern wurden, wie noch vorliegende Akten ausweisen, in den Jahren 1715 bis 1758 viele mit der zu öftern nach Venedig zur Bewachung commandirten fränkischen Kreis = Mannschaft dahin abgeliefert ꝛc.

Solche Lieferungen von Ansbach geschahen schon seit Mitte des 17. Jahrhunderts in Folge eines mit Venedig abgeschlossenen Vertrags.

Der Abzuliefernde mußte die gewöhnliche Urphede schwören und daß er Land und Fürstenthum beständig meiden wolle.

Sie erhielten Strümpfe und Schuhe, wurden zu zwei und zwei mit Handschellen zusammengeschlossen und dann alle an einer langen eisernen Kette geführt.

Mitgegeben wurde eine Designation in lateinischer Sprache mit Angabe der Personalien und Verbrechen.

Es hieß zu öftern schon bei der Ablieferung der Sträflinge auf die Wülzburg „dafern solche nicht bei der Venetianischen Werbung gegen die Türken wohlverwahrt unterzubringen."

Von einem dieser Unglücklichen befindet sich folgende Copie eines Begnadigungsgesuches bei den Akten:

Durchlaucht!

Ach wolle Gott, daß Euer fürstliche Durchlaucht die große Gnade und Hülfe mir Hß. Veit Reich von diesem Elend helffe: Das wissentlich wir in Sieben Mann auf das Venezianische Galle geschickt worden sind und Keiner bei Leben alß ich Hans Veit Reich, darum bitte ich Euch Euer fürstl. Durchlaucht, sie wolle sich über mich erbarmen, und auß diesem Elend helffen, derweil ich mich hier so lange Zeit befinde, so wolle sie also so gnädig sein und die Gnad mir verleihen.

Die Noth will ich eben anjezo auch nur ein wenig melten, daß allhort nichts anderes alß Hiz, Kält, Hunger, Durst, Flöhen, Leiß, Wanzen, auch Schläg, ach gott was vor ein Creuz, wollt es die noth alle zu beschreiben.

Ich wünsche alles Glück und mir meine Freiheit zu hoffen.

Datum Vinezia, den 10. April 1734.

Unterthaenigster Diener

Hß. Veit Reich.

Weissenburg behauptete, seine Jurisdiktion gehe gegen den Wülzburger Berg bis „wo der Hecht den Fuchs gefangen" bis „zu Wein und Brod" und bis in den „Weinsteg."

Am 20. August 1660 ertrank im Erlweiher der Wagnersohn Hans Würth, welcher auf erhobenen Widerspruch von Seite Wülzburgs mit 60 bewehrten Musquetiren vom Weiher abgeholt und in die Stadt gebracht wurde, nachdem vorher ein Fraißpfand „der rechte Daumen" von ihm genommen war.

Zu Klosterzeiten hätte Letzteres wie eine Anspielung auf dessen Schutzpatron und dessen Reliquien aussehen können.

Am 27. Septbr. 1769 erging an Pfarrer und Schullehrer ein Verbot, ihr Salz in Weissenburg zu kaufen, sie sollten es bei Strafe der Confiskation bei den diesseitigen Salzhändlern nehmen.

Unter preußischer Regierung wurde am 16. August 1793 eine Dankpredigt für die Eroberung von Mainz gehalten; und eben so am 8. Oktober 1795 der Sieg bei Pirmasens und am 23. September dess. J. der bei Mohrleutern über die Franzosen festlich begangen. Im folgenden Jahr am 5. Juli fand ein Dankgottes- dienst für den Sieg bei Seelze über die polnischen Insurgenten statt und am Trinitatis- Sonntag 1795 ein gleicher zur Friedensfeier nach dem französischen Krieg.

Noch im Jahr 1799 galten in Weissenburg die Bettelvögte, welche zugleich den kleinen Fall hatten, für ehrlos.

In diesem Jahr starb auf dem Zehenthof, der früher dem Kloster, eine ganz brave Bettelvogts-Tochter. Niemand ließ sich herbei, sie zu Grabe zu tragen, selbst nicht die Fall- und Henkersknechte. Es mußte ein Karren gebraucht und die Todte zum Kirchhofe gefahren werden, wobei sie aber von der Geistlichkeit begleitet wurde, die sie in ihrem Beisein am Gottesacker begraben ließ und einsegnete.

Zur Zeit als die Franzosen Eichstädt besetzt hatten, Commissär Lemarais für einen Monatssold der Armee 240,000 fl. forderte und das Kirchensilber mit zur Aufbringung dieser Contribution verwendet werden mußte, hatte die Rosenkranz- bruderschaft ihr Kirchengeräthe im Kapitalwerthe zu etwa 16,000 fl. auf der Wülz- burg verborgen liegen und zwar vom 19. Februar 1801 an.

Mit Erbauung der Festung wurde die Kirche zu Wülzburg der Pfarr zu Oberhohenstadt zur Mitbesorgung übergeben und erst 1685 ein eigener Pfarrer wieder auf der Wülzburg aufgestellt in der Person des Johann Jakob Stettner von Flachslanden.

Die Pfarrei gehörte zu dem Dekanat Weimersheim, hieß aber mit dessen Bezirk das Kapitel Wülzburg; später kam das Dekanat nach Weissenburg.

Das Kirchenbuch wurde Christo duce et auspico Christo mit Einzeichnung einer Taufe am 28. Mai 1685 eröffnet.

Im Jahr 1807 wurde die Pfarrei wieder aufgehoben und von 1809 an von Weissenburg aus durch den dritten Diakon versehen bis sich die Sache wieder im Jahr 1846 änderte, sie abermals eine selbstständige Pfarrei wurde und im Ok- tober ein selbstständiger Vikar Haas heraufkam.

Die Kirche, welche sich in dem linken Flügel des Schloßbaues befindet und zwar auf der Stelle der alten Klosterkirche, wie die später gefundenen Gräber einiger Aebte darthun, wurde 1674/75 gänzlich erneuert und am heiligen Dreinigkeitsfest mittelst einer von dem Dechant zu Weimersheim gehaltenen Predigt eingeweiht. Eine ähnliche Reperatur erfolgte 1738, bei welcher die Kirche zugleich erweitert und ein neuer Altar und eine neue Kanzel angeschafft wurden.

Die letzte Renovation geschah 1864 in einer würdigen, wenn auch etwas zu modernen Weise.

An Alterthümern ist in solcher nichts mehr vorhanden als links des Eingangs ein an der Wand aufgestellter Grabstein, ziemlich gut in rothem Marmor ausgearbeitet mit der Umschrift in Mönchsschrift:

Anno domini 14 — mensis — die — obiit reverendus in Christo pater et dominus Wilhelmus venerabilis abbas monasterii hujus loci in Wülzburg, cujus anima . . . . . Amen.

In der Mitte ist das Brustbild Christi von Wolken und Engeln umgeben; unten kniet der Abt mit Stab und Inful.

An den mit — bezeichneten Stellen ist der Stein glatt, die Zeichen fehlen, so daß es wahrscheinlich, der Stein sei schon bei Lebzeiten des Abtes gefertigt und nach dessen Tod nicht mehr ausgefüllt worden. Die mit . . . . angebrachte Stelle ist zerstört und unklar.

Weiter befindet sich noch ein Grabstein in weißlichem Marmor zwischen der Kanzel und dem Fenster auf den Wall zu.

Er gilt dem Commandanten Oberstlieutenant Karl von Rehbach und sagt: Hier ruhet ꝛc. Karl von Rehbach ꝛc. nebst dessen Frau Gemahlin, Frau Susanne, eine geborene Voglin, Alt 52, Jüngsten Herrn Sohn Ferdinand Friedrich, Alt 23 und ältesten Fräulein Tochter Marie Viktoria, Alt 26 Jahr, welche einander in einer Stunde auf der Todesreise gefolgt ꝛc.

Im Pfarrbuch heißt es nun:

den 15. Mai 1695 ist in dem Herrn selig verschieden Herr Carl von Rehbach, Oberstlieutenant und Commandant allhier und darauf den 28. als den Kirchweihsonntag zu Nachts in der Kirche begraben worden, alt 64 Jahr.

Auf dem Grabstein ist der 14. Mai als der Sterbtag angegeben.

Sachs (Beilage XI.) erwähnt eines Altars zu Wülzburg mit der Inschrift:

Engelhardus Dei gratia Episcopus Eichstetten. Mogunt. sedis Cancellarius consecravit hoc altare honorem St. Leonardi confessoris et aleorum Sanctorum anno Domini Mille CCLX (1260).

Er ist nicht mehr vorhanden und ist wohl 1788 beseitigt worden.

Zur Pfarrei sind noch drei Häuser außerhalb der Festung auf den Kirchhof zu gepfarrt. Sie wurden früher von den Soldaten der Invalidencompagnie erbaut, die dort ihr Gewerbe trieben.

Diese Invaliden erhoben die Veste zu einem Platz allerwelt bekannter Industrie. Sie schnitten die Wülzburger Maserköpfe, bei allen Rauchern Alt und Jung beliebt und gesucht, so daß oft ein solcher Pfeifenkopf mit einem Wappen oder Thierstück mit 10 fl. und mehr bezahlt wurde.

Sie steigerten ihre Industrie selbst noch zur höheren, indem sie die Maser künstlich nachahmten und so ächte und falsche zum Verkauf brachten.

So ein Kopf mit Silber beschlagen und am Rohr eine silberne Kette bildete häufig ein Familienstück, das vom Vater auf den Sohn und von diesem auf den Enkel kam.

An die Stelle dieser Arbeiten sind jetzt Schachteln, Kästchen und dergl. von krausem, buntem Papier getreten, welche die Schanzsträflinge in ihren freien Stunden fertigen und den die Veste besuchenden Fremden zur Abnahme bieten.

Kehl, das sonst zu Wülzburg gehörte, kam im Lauf der Zeiten nach Oberhohenstadt und blieb dort.

Der Kirchhof, eine Viertelstunde in östlicher Richtung von der Festung gelegen, wurde 1696 eingeweiht.

Protestantische Pfarrer waren:

1685 Joh. Jakob Stettner von Flachslanden —

1688 Joh. Valentin Schultzen —

1694 Michael Woegemann aus Weissenburg —

1692 Paul Dauber aus Greglingen —

1705 Joh. Kaspar Bauerlein aus Roßtall —

1710 Ferdinand Simon Meidenbauer von Gustenfalden —

1717 Joh. Martin Kalbig —

1724 Joh. Jakob Dörner, genannt Ziegler —

1727 Abraham Heinrich Lirs —

1730 Georg Christian Dolhammer —

1732 Andreas Christian Hohbach von Ansbach —

1736 Wilhelm Feuerlein von Trometzheim —

1746 Magnus Klemm von Zirndorf —

1755 Joh. Nikolaus Erkel aus Ansbach —

1759 Joh. Wilhelm Friederich Gruner von Ansbach —

1763 Christian Friederich Paul Hofmann von Leutersheim —

1772 Christian Michael Türlis —

1780 Jakob Fries aus Burk-Salach —

1794 Johann Leonhardt Mindeinus aus Feuchtwangen —

1800 Jakob Christoph Wiedemann, Verweser —

1801 Heinrich Albrecht Wilhelm Meyer aus Schopfloch —

1807 Joh. Georg Roth von Weissenburg, 2. Diakon —
1813 M. Fr. Rohmer von da, 2. Diakon —
1815 Georg Philipp Moll desgl. —
1839 Joh. Georg Sommer, 3. Geistlicher von Weissenburg —
1840 Felix Haas, ständiger Vikar —
1843 Joh. Georg Feldner —
1848 Georg Friedrich Billmann —
1854 M. K. Putz
1861 J. L. Steinhäußer —
1863 J. G. Kuhr —
1866 L. Stählin.

L. Stählin aus Weiltingen bei Dinkelsbühl, vermählt seit 6. Mai 1868 mit Julie Burger, Tochter des k. Oberconsistorialraths Dr. von Burger in München.

Sie erwarb sich kurz nach ihrem Hiersein den Dank aller Civilgefangenen dadurch, daß sie die Leiche eines solchen mit zum Grab begleitete.

Die Herren Pfarrer Kuhr und Stählin, deren Amtsführung ich nämlich allein aus eigener Anschauung kenne, nahmen und nehmen sich der Gefangenen mit warmem Eifer an und standen und stehen mit Rath und That wo es galt, immer hilfreich zur Seite.

Herr Candidat Hagen, welcher zwischen beiden die Pfarrei als Verweser versah, hatte sich durch seine Freundlichkeit und Offenheit die Liebe und das Vertrauen Aller erworben und jeder gedenkt noch wohl seiner in späten Jahren.

Ich halte es für Pflicht, dieß auch hier zu thun.

Eine katholische Curatie wurde im Jahre 1809 errichtet, weil unter der Garnison und den damals noch nicht confessionell ausgeschiedenen Sträflingen viele Katholiken waren. Vorher mußte von Ellingen aus versehen werden.

Katholische Geistliche waren:
1809 Salesius Albert —
1822 Jean Baptist Fuchs —
1825 D. Nikolaus Meyer —
1829 Jakob Scheuermann —
1830 Franz Joseph Baier —
1831 Joseph Müller —
1833 Alois Meixner —
1837 Jakob Stiegler —
1839   Bosch —
1840 Joseph Steehle —
1850 Joseph Rumel —

welcher den Altar der Kirche Jahr aus Jahr ein im Schmuck frischer Blumen hält.

Die Schule besteht seit etwa 1650.

Der Lehrer ist zugleich Organist und Messner beim Gottesdienst und versieht diese Funktion auch beim katholischen Kultus. Gegenwärtig ist Lehrer Bernhard Dünkelmeier aus Hohentrüdingen, der wohl bald seinen Weg sich weiter bahnen wird.

Das protestantische Pfarrhaus wurde 1740 gebaut. Es war damals damit die Schule verbunden. Während der Aufhebung der Pfarrei wurde es zu andern Zwecken benützt und diente nachher wieder als Wohnung des Pfarrers und des Commandanten.

Der katholische Pfarrer mit der Schule und dem Lehrer wurde in dem Hause untergebracht, in welchem sich das Bureau des Genieoffiziers und Bauamtes befindet.

Im linken Flügel des Schloßbaues ist ein Ziehbrunnen 481 pariser oder 524 bayerische Fuß tief ganz in Felsen gehauen, der aber nicht mehr in Gebrauch.

An ihn knüpft sich die Sage, daß zu Klosterzeiten vom Klösterlein in Weissenburg ein unterirdischer Gang auf die Wülzburg geführt habe.

Als der letzte Markgraf von Ansbach und Baireuth Karl Alexander seine beiden Fürstenthümer an seinen Lehenserben den König von Preußen 1791 abgetreten hatte, war auch Wülzburg unter preußische Landeshoheit gekommen.

Während dieser waren Commandanten der Festung

1796 Generalmajor von Schack —
1800 Generalmajor von Uttenhofen —
1804 Oberst von Pöppinghausen.

Nach kurzer siebenmonatlicher französischer Herrschaft gelangte die Festung an die Krone Bayerns das am 20. Mai 1806 Besitz vom Fürstenthum ergriff.

Französischer Commandant war ein Oberst Albert vom 18. Dragoner-Regiment.

Sie behielt ihre Eigenschaft als Festung unter bayerischer Regierung bis 1867.

Es ist während dieser Zeit viel auf die Festung verwendet worden.

An Cisternen wurden gebauet:

1825 I a b. Commandanten mit	2479 Eimern
1826 II b b. Bürger mit	2231 Eimern
1826 III c b. Garnison mit	4786 Eimern
	12114 Eimern

	Uebertrag:	12114 Eimern
1828 IV d b. Wäsche mit		2618 Eimern
1825/26 V o b. Sträflinge mit		2468 Eimern
1827/31 VI f Ludwigs mit		22917 Eimern
		37500 Eimern.

Die Röhren der Wasserleitung zu den Cisternen betragen eine Länge von 7143'. Der Bau der letzten Cisterne kostete allein 48312 fl.

Ein Krankenhaus wurde 1834 erbaut, 1864 ein Stockhaus und 1866 eine neue Wohnung für den Commandanten. Dieser letzte Bau verursachte einen Aufwand von 24000 fl. incl. von 5000 fl. für den Grund und Boden, auf welchem vorher das Luz'sche Wirthschaftsanwesen stand.

Der alte Schloßbau ist von 1662, nachdem er im Jahre 1634 abgebrannt ist. Es findet sich diese Jahreszahl auch über der Thür des Glockenthurms und auf der Gärtner'schen Tafel an der Südseite dieses Thurms.

Die Kost im Krankenhaus läßt an Fülle und Güte nichts zu wünschen übrig. Köchin ist Getraud Weitzel. Die beste Küche ist aber im 1. Stock dieses Hauses, 	 der Frau Dr. Hildenbrandt auf die menschenfreundlichste und aufmerksamste Weise gar manchen Gefangenen erquickt und stärkt.

Ihr Ehrenkleid als Festung legte die Wülzburg zum letzten Male bei den Kriegskünsten im Jahre 1866 an, wo sich bei verstärkter Garnison die regste Thätigkeit für Instandsetzung des Waffenplatzes entwickelte und alle Waffengattungen, Schanzer und Civilsträflinge freudig Hand anlegten. Pallisaden und Sturmpfähle wurden am äußern Thor und auf dem bedeckten Weg eingerammt, Schanz und Rollkörbe, sowie Deckfaschinen geflochten und gefüllt, Bettungen gelegt, Sandkörbe gefüllt, spanische Reiter= und Rückzugstreppen gezimmert — das Zeughaus lieferte seine alten Schätze an Feuer= und Handwaffen in allen Kalibern auf die Basteien und Brüstungen — im Hofe thürmten sich die Kugeln von allen Größen — das Pulver wurde von dem äußeren Magazin in's Innere der Festung geschafft — es wurde exerciert, manövrirt, mit Wallbüchsen nach der Scheibe geschossen — die Magazine wurden mit allem für den Leibesunterhalt Nothwendigen versehen.

Es bot ein eigenes, ja heiteres Bild, einen Soldaten 40 Stück Schaafe auf den Ländereien und in dem Graben der Festung hüten zu sehen und wie ein Schanzsträfling 16 Stück Mastochsen, die gleichfalls zur Verproviantirung eingestellt waren, fütterte und pflegte.

Vieles Vermögen der Stadt Weißenburg war in Kisten und Kasten heraufgebracht worden und logirte zu seiner vorläufigen Sicherheit in einem Courtinenbogen, welcher dem Wirth Walther als Stall und Keller diente.

Einen bewegten Tag gab es aber, als am 31. August früh 6 Uhr Fürther Landwehrmänner, einen Lieutenant an der Spitze, zwei Kanonen von dort hieherbrachten und Vormittag 10 Uhr auch die Nürnberger Landwehr vier Kanonen unter Führung des Oberlieutenant Otto hieher flüchtete.

Die hohe Gestalt des Commandanten war all und überall sichtbar, in soldatischer Gemessenheit anordnend, leitend, belebend und mit ihm in umsichtiger und emsiger Beweglichkeit der Hauptmann der Artillerie von Bezold.

Eines fehlte noch, es war dieß gezogenes Belagerungs- und Demontirgeschütz. Endlich langte auch solches von Augsburg an und vollendete den kriegerischen Schmuck und das angenehme Gefühl gegen jeden raschen Anlauf des Feindes sich nun wehren zu können.

Leider fehlte bei der ersten Sendung der Verschluß der Geschütze, kam erst nach; es war da aber schon Friede gemacht!

Das einzige Privateigenthum auf der Festung ist Haus Nr. 8; es ist im Besitz des Wirthes Walther und des Metzgermeisters Kreißelmeier.

Als die Wülzburg durch Rescript vom 7/10. Mai 1867 ihre Eigenschaft als Festung verlor, bildeten wie gewöhnlich zwei Compagnien zu je 80 Mann ihre Besatzung.

Die Festungs-Commandantschaft bestand aus:
1. Dem Commandanten, Oberst Philipp Busch,
2. Major Martin Rittmann,
3. Adjutanten Anton Stritmann, Oberlieutenant,
4. Genieoberlieutenant Karl Faber,
5. Zeugwart Gottlieb Peters,
6. Regimentsarzt Dr. Eduard Hilbenbrandt,
7. Regimentsquatiermeister Baptist Troll,
8. Aktuar Joseph Lang,
9. Profosen Joseph Langes.

Die Hausmeisterei versah gar löblich Karl Bößl, dessen Frau eine vortreffliche Köchin.

Unter bayerischer Herrschaft seit 1806 waren Commandanten der Festung:
1806 Hauptmann Joseph Momm,
Hauptmann von Oelhafen —
1812 Obristlieutenant Christoph Freiherr von Wernble,
1813 Oberst Max Freiherr von Sorny,
1816 Oberst Johann von Harscher,
1824 ch. Generalmajor Joseph von Schmöger,
1825 Oberstlieutenant Sigmund Zeller,

1825 Generalmajor und ch. Generallieutenant Carl Rittmann,

1842 ch. Generalmajor Friedrich Freiherr von Magerl,

1844 ch. Oberst Franz von Haren,

1847 ch. Oberst Anton von Halber,

1847 ch. Generalmajor Ferdinand Freiherr Zech von Deubach,

1851 ch. Generalmajor Carl von Purkart,

1855 ch. Generalmajor Joseph Ripertinger,

1860 Oberst Karl Kriebel,

1863 Oberst Konrad Rittmann,

1865 Oberst Philipp Busch.

Die Festung Wülzburg auch benützt als Aufenthalt für zu Festungsstrafe verurtheilte Civilsträflinge und zwar seit 9. Okt. 1866 ausschließend für die protestantischer Confession, bot in dieser Beziehung bis zum Jahr 1865 den trüben Anblick einer durch frühere Vorgänge herbeigeführten kaum zu begreifenden Strenge und Vernach= lässigung, durch welche die Straferstehung sich schwerer erwies als die im Zuchthause selbst und bei welcher von einer sittlichen Hebung der Gefangenen entfernt nicht die Sprache sein konnte.

In ein Paar Zimmer, einmal sogar bis zu 12 und 13 Personen je in einem zusammengepfercht, war eben für jeden einzelnen nur Raum für seine Bettstelle, einen Tisch und einen Stuhl. Licht zu einer Arbeit, wenn auch nur Lesen oder Schreiben hatten lediglich die wenigen, welche zunächst der Fenster lagen, deren jedes der tiefen Zimmer nur zwei hatte.

Außer der Bibel und einigen Lehr= und Erbauungsbüchern ward kein Buch zugelassen, jede Zeitung untersagt, selbst das Strafgesetzbuch wurde weggenommen.

Aufstehen und Niederlegen erfolgte nach der Trommel im Sommer um 5 Uhr Morgens und um 10 Uhr Nachts, im Winter um 6 Uhr und resp. 9 Uhr.

Täglich Visitation des Zimmers durch den Profosen, den Adjutanten und immer die Frage: ob keine Klage? — die sich Niemand aufrichtig zu beantworten wagte theils aus Furcht theils in der Meinung, die Vorschrift des Gesetzes wolle es so.

Trotzdem verpesteten zwei Nachtkübel in jedem Zimmer von früh Abend bis spät am Morgen die Luft; dann fanden sie ihren Platz auf dem Gang vor den Thüren.

Seinen Strohsack erhielt einer der Ankömmlinge gefüllt mit alten und jungen Mäusen, in der alten Decke der Flöhe die Fülle.

Der Bart mußte abgenommen werden und man trug sich stark mit Ein= führung der Züchtlingskleidung.

Ob wegen Verbrechens oder wegen Vergehens verurtheilt machte keinen Unterschied; sie lagen zusammen.

Die tägliche Sustentationsgebühr zu 19 kr. im Sommer — zu 23 kr. im Winter reichte kaum aus, auch nur das Nothwendigste zu bestreiten; an Nachschaffungen an Kleidern oder Wäsche konnte nicht gedacht werden, nachdem 1 kr. sogleich für Benützung der Journituren, 8 kr. für die Mittagskost und im Winter die Auslage für Holz vorweg in Abzug kamen und allenfallsige Abendkost, Frühstück, Brod, Wäsche, Licht, Porto ꝛc. von den verbleibenden wenigen Kreuzern bestritten werden mußten.

Dazu kam noch monatlich die Ausgabe mit 12 kr. für den Gehülfen des Profosen und 6 kr. für den Schanzsträfling, der die Nachtkübel leerte und daß jeder Gang des Gehülfen nach Weissenburg, wo alle Bedürfnisse an Zucker, Kaffee ꝛc. um theures Geld geholt werden müssen, noch besonders zu honoriren war.

Jeder Besuch, selbst der der nächsten Anverwandten war auf eine halbe oder ganze Stunde beschränkt und durfte nur im Beisein des Profosen erfolgen.

Ein täglicher Spaziergang war zwar 1 Stunde Vormittag und 2 Stunden Nachmittags gestattet, allein nur im Hof auf einer Länge von 60—70 Schritten und b er halben Breite.

Das Wasser aus der Cisterne wurde zwar Morgens, Mittags und Nachmittags in einer hölzernen Stütze frisch gebracht, allein im Winter des Nachmittags schon um 4 Uhr, so daß es am Abend kaum mehr zu genießen war.

Ein Verdienst, außer hie und da einmal durch Abschreiben einer Pfarrbeschreibung, war nicht aufzutreiben.

Der Zwang zur Mittagskost aus der Menage, welche ein Schanzsträfling in einem eisernen Kessel bereitete, hatte zu dem die schlimme Folge, daß der Sträfling hier 4 kr. und mehr täglich weniger erhielt als die Gefangenen auf den andern Festungen, wo die Mittagskost mit 12 kr. in Anschlag gebracht war.

Mit dem Jahr 1865, als der königl. Oberst Busch, Festungscommandant wurde, änderte sich das alles bald zum bessern, die Cholerafurcht zeigte sich den Nachtkübeln in den Zimmern feindlich und die Sustentation erhöhte sich durch den Wegfall der Menage täglich auf 27 kr. im Sommer — auf 32 kr. im Winter.

Die ganze Behandlung wurde eine durchaus humanere, mehr auf wirkliche Ersittlichung gerichtete und von dem Adjutanten des neuen Regiments auf das freundlichste gehandhabt; der tägliche Spaziergang wurde aus dem Hof auf die Courtine und in den geräumigen Graben verlegt; die möglichste Unterstützung jedem Versuch nach Arbeit und Verdienst zugewendet; der Besuch der Verwandten und Freunde erleichtert und je nach Umständen verlängert; eine Ausscheidung der Sträflinge nach Verbrechen und Vergehen angeordnet; der Ueberfüllung der einzelnen Zimmer vorgebeugt; eine nahrhafte Mittagskost um 12 kr. bei dem Hausmeister geboten; der Bart wurde nicht mehr angefochten — kurz der Festungsstrafe die vom Gesetz damit verbundene Wohlthat gewährt.

Einem Uebelstand ist leider wegen der zu weiten Entfernung jeder größeren Stadt, aller Mühe ungeachtet nicht abzuhelfen, nämlich dem Mangel an Verdienst bringender Beschäftigung, indem es immer nur einzelnen Wenigen gelingt, durch Abschreiben, Correkturen, oder Schriftstellerei sich einigen Verdienst zu verschaffen. Die Wohlthat des Gesetzes, nicht zu schwerer Arbeit gezwungen zu sein, schlägt da in das Gegentheil um.

Doch genug hiemit von dieser dunklen Seite der Wülzburg, wo man gegenwärtig mit einiger Sorge ihrer weiteren Bestimmung und Einrichtung für die nächste Zukunft entgegensieht.

Eines wird ihr immer bleiben; es ist das, daß sie einer der schönsten Höhenpunkten des Landes ist mit einer reizenden Aus- und Fernsicht über Berg und Thal und einem weiten, weiten Horizont.

Der Sonnenuntergänge in seltenster Pracht und Verschiedenheit bringt das Jahr die Menge und der Morgen läßt oft an hundert Ortschaften zählen, die mit ihren leuchtenden Kirchthürmen aus fruchtbaren Geländen heraus und herableuchten in buntem Wechsel mit glänzenden Streifen der Altmühl, mit den waldigen Höhen des Hahnenkamm bis zum Spielberg und dem fernen Hesselberg, des Weissenburger Waldes und der fürstlich Werde'schen Forsten.

Wahrhaft erhebend ist, von der Festung aus dem Lauf der Gewitter zu folgen, die, kommen sie aus Westen, meist rechts und links sich theilen und die Wülzburg als Wetterscheide erscheinen lassen.

Auch die Fernsicht ist eine bedeutende.

Zeigten sich gegen Norden dem unbewaffneten Auge Nürnbergs Burg und Thürme, der Morizberg, der Hohenstein, bis zur Mariahülf bei Amberg, so lassen wieder helle Tage gegen Süden das bayerische Gebirg und den ganzen Höhenzug der Alpen bis hinunter nach Salzburg deutlich schauen, so daß man die einzelnen Gebirgszüge und Bergformationen genau unterscheiden kann.

Wem es aber glückt bei seinem Besuch der Wülzburg einen windstillen Tag zu treffen, kann von doppeltem Glück sagen.

Viel sonstig Glück war auf ihr nie zu Hause! —

Doch scheinen zur Klosterzeit die Ordensleute, einige rohe und blutige Auswüchse ihrer Flegeljahre abgerechnet — meist den Regeln des heiligen Benedikt streng gefolgt zu sein und nachgelebt zu haben; dafür spricht, daß sie ihre Aebte immer aus sich selbst gewählt haben und wählen konnten, sowie, daß von ihrem Kloster aus viele Geistliche zu Vorständen anderer Klöster, Probsteien und Bisthümer gerufen wurden.

Dafür zeugt auch, daß ein Mann wie Burggraf Friedrich VI. dem Abte sein Wohlwollen zugewendet, sich von ihm in seinen weit gehenden Plänen unterstützen ließ, daß der Kaiser Friederich Rothbart, Friederich II. und Ludwig der Bayer Aebte des Klosters zu ihren vertrauten Räthen hatten und andere Könige und Kaiser so wie die Päpste, trotzdem daß es Abt und Convent meist mit Kaiser und Reich hielten — sie reich begnadigten und beschirmten.

An Unglück von Außen herein und bösen Nachbarn hat es aber dem Stift nicht gefehlt. Unter den letzteren nahm die Reichsstadt Weissenburg die erste Stelle ein.

Von Klagen der Klosterunterthanen hat man nie gehört gegen das eigene Regiment — und doch waren sie in einzelnen Kriegsläuften von den Feinden des Klosters oftmals arg mitgenommen worden. Das Kloster muß da immer wieder väterlich aufgeholfen haben.

Als Festung hat die Wülzburg zur Zeit des 30jährigen Krieges, als es galt, sich als solche zu bewähren, sich bewährt — doch den eigenen Herren zum Schaben und ihm und dem ganzen Land als Zuchtruthe gedient anstatt als Schutz seiner und seines Landes.

Der Stadt Weissenburg wurden in jener Zeit all die Unbilden mit reichen Zinsen zurückgezahlt, die es früher dem Kloster angethan.

Aber auch die feindlichen Gäste und Herrn der Festung wurden in dem festen Platze ihres Lebens nicht froh, hatten mit Hunger und Durst zu kämpfen, dazu 1634 das große Brandunglück und so lange sie da noch hausten die große Brandstätte im Innern.

Das Schloß wurde zwar 1662 wieder neu aufgebaut, allein der Feste war es nicht mehr vergönnt, ihren Kriegsberuf zu erfüllen und im Frieden bot sie eben wie jede Festung ihren Bewohnern des Angenehmen wenig.

Die Festungseigenschaft verlor sie, wie schon angeführt durch allerhöchstes Rescript vom 7/10. Mai 1867.

Möge die kommende Zeit für sie eine fröhliche sein — sollte sie nicht, was zuletzt wohl das geldsparendste — das Schicksal ihrer Schwester der Feste Rothenberg theilen und auf den Abbruch verkauft werden.

Bis dahin sei der Ein- und Ausgang ein gesegneter für Jedermann!

Literatur:

Jung, antiquitatis Monastorii Sanctorum Petri et Pauli, Apostolorum in Wilzburg 1736.

Volz, Chronik der Stadt Weissenburg und des Klosters Wülzburg.

Oetter, Sammlung verschiedener Nachrichten I. 150 ꝛc. 1749.

Stieber, hist. top. Nachrichten v. d. Fürstenthum Brandenb. Onolzbach 1761. S. 975 ꝛc.

Synold von Schütz, corp. hist. Brandenburg, Schwabach 1755 S. 248.

Jahrbücher des hist. Vereins IV. 15 ꝛc.

Stumpf, stat. hist. Handbuch des Königreich Bayerns p. 769.

Schöwner, Sagenbuch I. S. 127.

Vaterländisches Magazin für Belehrung ꝛc. II. N. 8. S. 57.

von Falkenstein, Nordgauische Alterthümer 1735. II. S. 95.

Jahresbericht des Hist. Vereins in Mittelfranken 1848.

Hoffmann, kurze Beschreibung aller Stifter und Klöster des Burggrafenthum Nürnberg.

von Soden, Gustaph Adolph und sein Heer in Süddeutschland 1865, Monumenta Zollerana.

Holzschuher, Geschichte der Herrschaft Lichtenau 1837.

Sax, Geschichte der Stadt Eichstädt 1858.

Bavaria, Landes- und Volkskunde des Königreichs Bayern III 1865.

Paulus, der römische Grenzwall vom Hohenstaufen bis an den Main 1863.

Hänle, Geschichte der Juden im ehem. Fürstenthum Ansbach 1867.

Keyßler, neueste Reisen ꝛc.

Heilmann, Kriegsgeschichte von Bayern 1868.

Gründliche Nachricht der Inquisitionssache ꝛc. Händels Onolzbach 1720.